# AntiTerrortraining in den Schwarzen Bergen

Helmut Borth

# AntiTerrortraining in den Schwarzen Bergen

Die Deutsche Nationalbibliothek verzeichnet diese Publikation in der Deutschen Nationalbibliografie; detaillierte bibliografische Daten sind im Internet unter http://dnb.d-nb.de abrufbar.

© *2016 Helmut Borth*
*(www.meckpress.de)*

Titelgestaltung, Satz und Layout:
Felizita Bologna (www.bologna-artwork.com)

Herstellung und Verlag:
BoD Books on Demand, Norderstedt

ISBN 978-3-*7412-8071-9*

# Inhalt

AntiTerrortraining in den Schwarzen Bergen ............ 7

Traum und Trauma Afrika ............ 41

Im Glanz der Goldenen Zwanziger ............ 48

Für König und Vaterland ............ 56

Belgisches Todesurteil ............ 62

Als Eisenzahn die Faule Grete sprechen ließ ............ 70

Die Gedächtniskirche ............ 76

Kinderreiches Kinderreich ............ 82

Ein „homo liberalis" ............ 95

Eindrucksvolle Spur der Steine ............ 103

Reichlich „Schotter" gemacht ............ 112

Die letzte Generation ............ 119

Engel der Gnade ............ 132

Schillers Arnheim ............ 139

Der Buch der Steine ............ 149

Tot gesagte Haudegen leben länger ............ 163

Ein neues Sanssouci ............ 170

Ein Heller und ein Batzen ............ 175

Der erste DRK-Präsident ............ 183

Am „Geburtsort" der Uckermark ............ 189

Die Trauernde ............ 195

Die Zeit, die Eisen wachsen ließ ............ 205

Japanische Botschaft ............ 215

# AntiTerrortraining in den Schwarzen Bergen

**Eine TU 134-A im Garten eines vorpommerschen Gasthauses ist der sichtbarste Beleg für die geheime Fachschule des Ministeriums für Staatssicherheit im uckermärkischen Wartin, die nicht nur Antiterroreinheiten der DDR, sondern auch Diversanten für den Kalten Krieg ausbildete.**

Eine sowjetische Tupolew 134-A, Nato-Codename Crusty, ist die Sehenswürdigkeit des zu Penkun gehörenden Dorfes im Grenzgebiet Mecklenburg-Vorpommerns zu Brandenburg. Im Garten des für seine gute Küche bekannten „Deutschen Hauses" steht das für bis zu 76 Passagiere ausgelegte zweistrahlige Kleinstreckenflugzeug, das ursprünglich für die Aeroflot unterwegs war. 1990 holte der Gastwirt Ernst Baumann die 1965 gebaute Maschine, Produktionsnummer 2351607, mit Hilfe schwerer Traktoren von ihrem Standort in den Schwarzen Bergen in seinen Garten. Er wollte mit dem Flieger zu

*An der inzwischen in Grünz stehenden Tupolew 134-A übten Antiterroreinheiten des MfS die Befreiung von Geiseln in einem entführen Flugzeug.*

gastronomischen Höhenflügen starten und in der Maschine ein Restaurant betreiben. Dafür erhielt er allerdings keine Zulassung. Fehlende Raumhöhe und Notausgänge sollen die gesetzlichen Hürden gewesen sein.

Jetzt lockt die 50 Jahre alte Maschine in einem interflugähnlichen Anstrich als technisches Denkmal Dorf- und Wirtshausbesucher an. Bis der Flieger in einer Nacht-und-Nebel-Aktion nach Grünz „überführt" wurde, diente die 1984 aus dem Luftfahrtregister der UdSSR gestrichene Maschine Spezialeinheiten des Ministeriums für Staatssicherheit als Übungsobjekt bei der Antiterrorabwehr.

Das Ministerium unterhielt bis zu seiner Auflösung 1990 unmittelbar hinter der Grenze zum damaligen Bezirk Frankfurt (Oder) ein geheimes Ausbildungsobjekt. Das Dienstobjekt „Der lange Ort" am Rand des uckermärkischen Wartins firmierte mit seinen fast 50 Hektar großen Ausbildungsflächen nahe dem vorpommerschen Grünz intern unter dem Tarnnamen „Wally"[1]. Es war eine von drei Einrichtungen, die der Geheimdienst 1962 von der Verwaltung 15 des Ministeriums für Nationale Verteidigung

*Der Eingang zum Dienstobjekt „Walli" in Wartin*

Foto: BStU[2]

übernommen hatte und aus der 1973 durch Zusammenlegung der drei Objekte seine Zentrale Fachschule (ZF) Wartin wurde. Zu dieser Einrichtung gehörten auf dem 47 Hektar großen und von Bunkern durchzogenen Ausbildungsareal in den Grünzer und Schwarzen Bergen eigens angelegte Kampftrainingsplätze. Auf rund 4000 Quadratmetern gab es hier neben einem besonders eingerichteten Schießstand auch fünf Stechpuppen in freistehender oder gedeckter Ausstellung für Hieb-, Stich- und Strangulationsübungen, an denen Kursteilnehmer der Zentralen Fachschule das lautlose Töten übten. Im Handbuch der AGM/S (Arbeitsgruppe des Ministers für Sonderaufgaben) heißt es: *„Die Angriffsmöglichkeiten des tödlichen Nahkampfes sind vielfältiger Art. In der Ausbildung ist eine Spezialisierung auf die Körperstellen durchzuführen, die der Zielstellung voll genügen. Die Angriffe durch Schlag, Stoß und Stich müssen sich gegen relativ ungeschützte, empfindliche Stellen des Körpers richten. Es muss die Wucht der Schläge, Stöße und Stiche trainiert werden, die einen unmittelbaren Erfolg gewährleisten. Auf die Methoden der lautlosen Annäherung und des lautlosen Tötens ist besonderer Wert zu legen. Die Anwendung von Waffen ist an einer Puppe zu trainieren, dem Training an der Puppe ist überhaupt der Vorrang zu geben."*

In der damals Bezirks- und heute Landesgrenzen überschreitenden Ausbildungsbasis trainierten die Antiterrorspezialisten

---

[1] *Die Schreibweise „Wally" folgt Veröffentlichungen wie „Einsatzkommandos an der unsichtbaren Front - Terror- und Sabotagevorbereitungen des MfS gegen die Bundesrepublik Deutschland" von Thomas Auerbach, Christoph Links Verlag GmbH, 6. Auslage, Berlin 2012; „Partisanen des Kalten Krieges: die Untergrundtruppe der Nationalen Volksarmee 1957-1962 und ihre Übernahme durch die Staatssicherheit" von Stephan Fingerler und Jens Gieseke, herausgegeben vom Bundesbeauftragtes für die Stasiunterlagen 1996, oder „Tod bei der Fahne" von Klaus Behling und Jan Eik,, BEBUG mbH Berlin 2013. In Dokumenten im Anhang, die mir heute vom Bundesbeauftragten für die Stasiunterlagen zur Verfügung gestellt wurden, wird die Schreibweise „Walli" genutzt.*

[2] *BStU: MfS-HA-XXII-Fo-0175-Bild-0001*

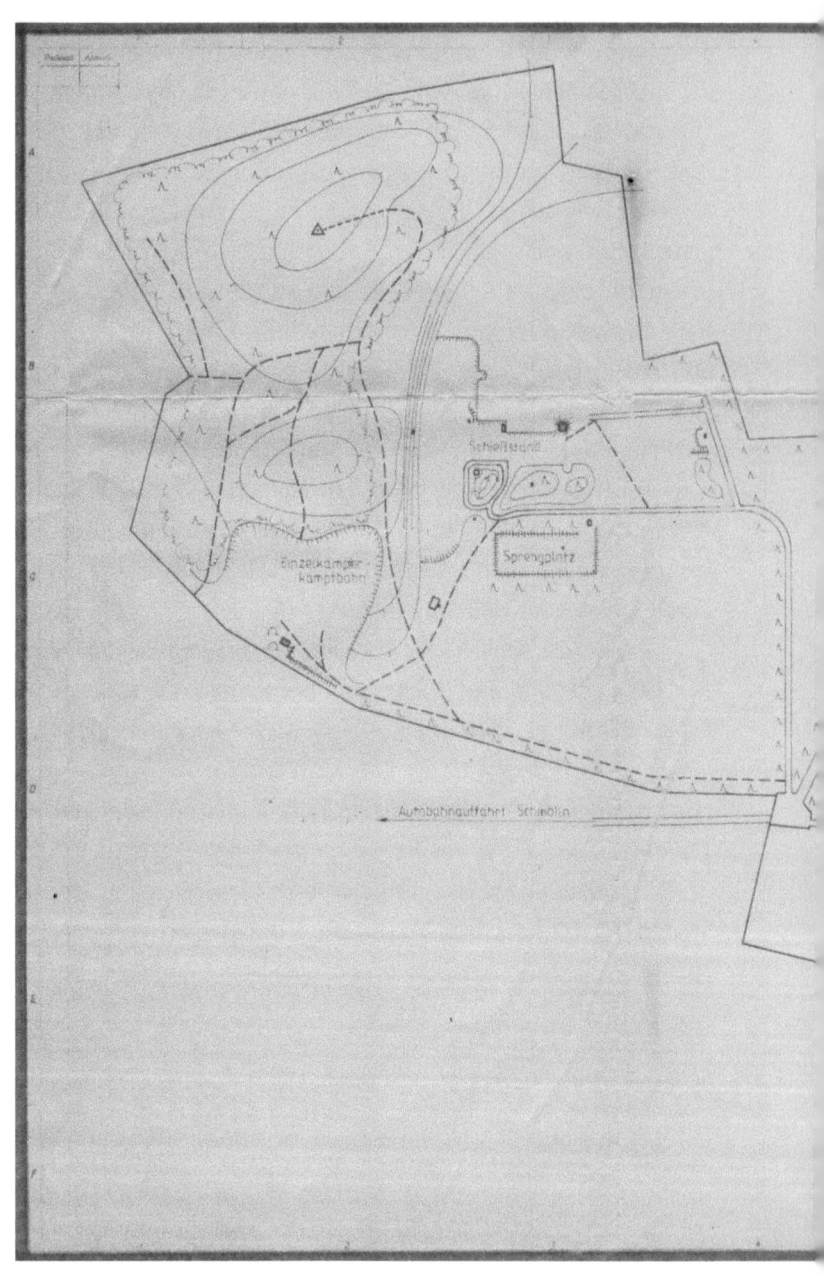

*Lageskizze der Ausbildungsbasis Wartin*[3]

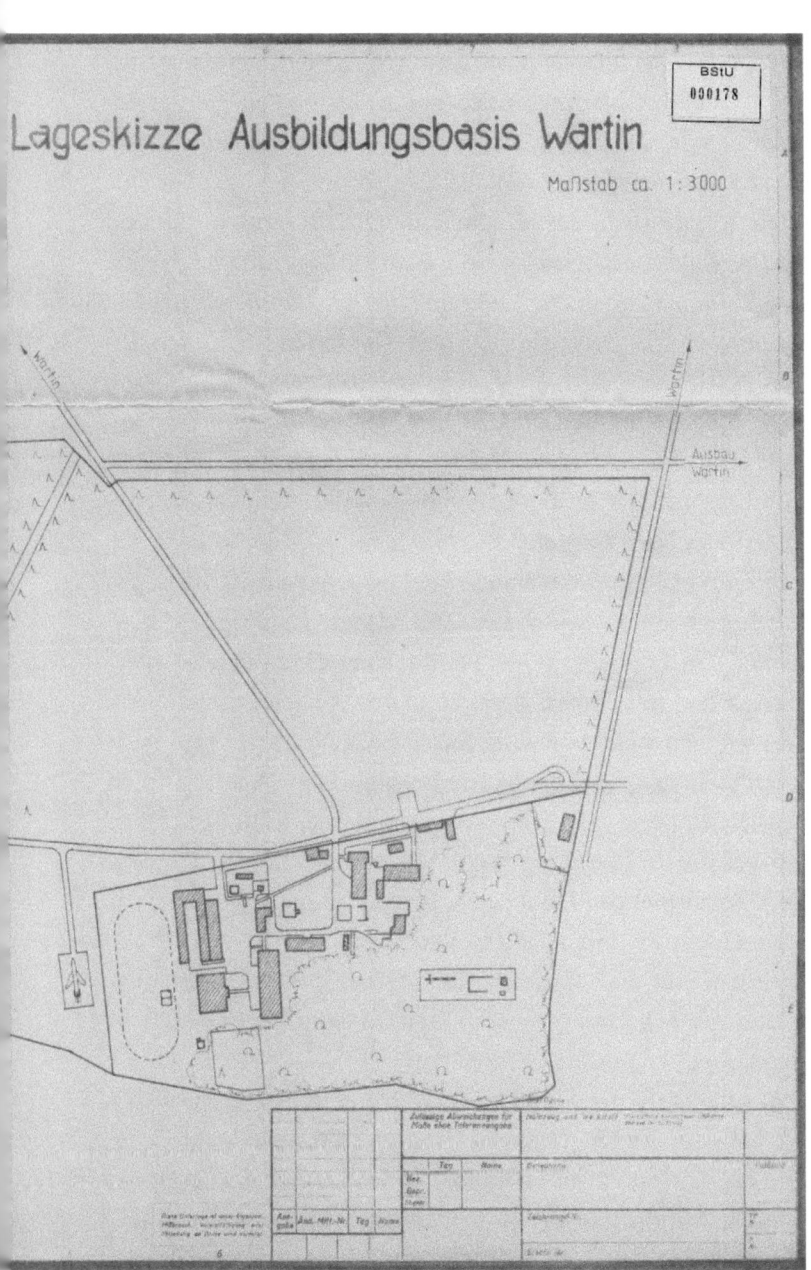

[3] BStU, MfS, HA XXII, Nr. 1613, Band 2, Blatt 178

des MfS darüber hinaus nach dem Vorbild der westdeutschen GSG 9 alles, was beim Einsatz gegen Terroristen gefragt ist: Scharfschießen und Geiselbefreiung à la Mogadischu, Panzerknacken, provozierte Autounfälle ...

Die Angehörigen der Hauptabteilung XXII lernten während ihrer Ausbildung die „operative Bearbeitung" und „Überwachung" von „terroristischen und anderen gewaltorientierten Organisationen, die gegen die DDR wirksam werden" könnten. Zu ihren Pflichten gehörte die Aufklärung von „Androhungen von Terror und anderen Gewaltakten", die „Feststellung" von „sprengkörperverdächtigen Gegenständen", der Schutz gegen Flugzeugentführer und die Ausbildung von Spezialkräften, wie Sprengmeister oder Nahkämpfer.

Ihren wohl spektakulärsten öffentlichen Auftritt hatte die Elite-Einheit am 20. September 1981, als vier Häftlinge aus dem Gefängnis in Frankfurt (Oder) ausbrachen, einen Polizisten erschossen und mit einer Geiselnahme ihre Ausreise in den Westen erzwingen wollten. Häufig waren sie auch an der Jagd nach fahnenflüchtigen Sowjetsoldaten beteiligt, von denen jährlich zwischen 400 und 500, teilweise bewaffnet, desertierten. Doch auch bei der Absicherung von Großveranstaltungen wie dem UEFA-Pokalspiel von Lok Leipzig gegen Fortuna Düsseldorf am 12. Dezember 1973 in der Messestadt

wurden vier drei Mann starke Einsatzteams eingesetzt, ausgerüstet mit Scharfschützengewehren, Maschinenpistolen, Tränengasampullen und Kampfmessern.

Was die Wahl der Mittel in der Terrorabwehr angeht, waren die Genossen der HA (Hauptabteilung) XXII nicht wählerisch. Getreu dem Motto „Der Feind meines Feindes ist mein Freund" halfen sie Mitgliedern der Roten Armee Fraktion beim Untertauchen. Sie statteten die Aussteiger mit neuen Identitäten aus, 1980 zum Beispiel die damals 31-jährige Sigrid Sternebeck und den 34-jährigen Ralf Baptist Friedrich. Beide lebten bis zu ihrer

*Schießausbildung in Wartin*

Foto: BStU[4]

Verhaftung 1990 als Ulrike und Jürgen Eidberg in Schwedt und arbeiteten als Fotolaborantin im Dienstleistungskombinat bzw. Abteilungsleiter Materialwirtschaft in der Papierfabrik. Angefangen hatten die RAF-Terroristen in der Warenannahme bzw. als Gabelstaplerfahrer der Papierfabrik. Beide waren am Mordanschlag auf den NATO-Oberbefehlshaber in Europa, General Alexander Haig, 1979 beteiligt. Die vertrauliche Stasi-Legende: Das Ehepaar sei *„in der DKP gewesen und wolle nun gerne in der DDR leben und hier seine politischen Ziele weiterverfolgen".*

Doch nicht nur beim Untertauchen griffen die Genossen den RAF-Aktivisten hilfreich unter die Arme. Bekannt ist, dass sie einigen „Kämpfern" auch Schießtraining an der Panzerfaust ermöglichten oder mit ihnen Sprengstoffanschläge auf ein fahrendes Auto trainierten. Für 1982 ist ein erfolgreicher Versuch aus Wartin nachweisbar. 1989 starb bei einem auf die gleiche Art und

---

[4] *MfS-HA-XXII-Fo-0178-Bild-0030*

Weise verübten Attentat der Deutsche-Bank-Vorstandssprecher und Helmut Kohl-Berater Alfred Herrhausen.

Über die Aufklärung von Anschlägen gegen die DDR und deren Abwehr hinaus, wurden in Wartin und den Schwarzen Bergen auch Einsatzgruppen und Einzelkämpfer ausgebildet, die im Fall einer militärischen Auseinandersetzung mit der Bundesrepublik Deutschland Sabotageakte in der BRD verüben sollten, um so den Feind zu destabilisieren und zu schwächen. Bei einer Übung am 7. September 1982 wurde Angermünde zum Einsatzziel. Vier Einsatzgruppen, insgesamt 21 Mann, drangen auf *„verschiedenen konspirativen Wegen in das Operationsgebiet ein. Unerkannt von der Bevölkerung und den Behörden"* klärten sie im Verlauf des 8. Septembers verschiedene Stellen in der Stadt auf. Nach der imitierten Sprengung von Eisenbahnlinien *„tauchten"* die Kämpfer im Operationsgebiet unter, um sich dann *„einzeln in die DDR abzusetzen"*.

*Die zwei in Schwedt untergetauchten RAF-Terroristen waren am Sprengstoffanschlag auf General Alexander Haig beteiligt.*

Foto: Nationalarchiv Niederlande

*Geübt wurde auch das Sprengen von Gleisen.*

Foto: BStU[5]

Insgesamt sollen seit 1962 bis März 1985 fast 3500 Personen eine solche praxisbezogene *„spezifische Ausbildung"* durchlaufen haben. Das real verfügbare Potential betrug aber Mitte der 1980er-Jahre nur etwas mehr als tausend Mann – 208 Einsatzgruppen à fünf Kämpfern. Der Rest war bereits zu alt, tot oder aus dem Dienst ausgeschieden.

Nach der Wende *„veranstalteten Stasi-Einzelkämpfer, die sich in Berlin als Karatelehrer verdingen, schon mal ein Trainingscamp in ihrem alten uckermärkischen Objekt ‚Wally'. Und alte Kämpfer offenbarten beim gemeinschaftlichen Trinkgelage in Wartin nach dem x-ten Bier schon mal: ‚Das Ministerium lebt.'"*, wie *„Die Welt"* am 7. April 1999 zu berichten wusste.

---

[5] *MfS-HA-XXII-Fo-0156-Bild-0084*

*Anlässlich des 60. Jahrestages der Oktoberrevolution führte die Stasi in ihrem Dienstobjekt „Walli" eine Lehrschau mit dem Codenamen „Roter Oktober" durch.*

*Foto: BstU[6]*

Während 2007 das „*geheime Objekt*" Wartin von ABM-Kräften „*zurückgebaut*" war, tummelten sich zu diesem Zeitpunkt auf dem einstigen Kampftrainingsplatz in den Schwarzen Bergen Paintballspieler. Inzwischen lässt die Stiftung Umwelt und Naturschutz MV im Rahmen der Managementplanung für das FFH-Gebiet „Randowtal bei Grünz und Schwarze Berge" nicht nur im sprichwörtlichen Sinn des Wortes (Trocken-)Gras (Trockenrasen) über die Geschichte wachsen. Die einst gut getarnten Bunkeranlagen wurden verschlossen und dienen, baulich verändert, heute dem Schutz von Fledermäusen und Amphibien.

---

[6] BStU, MfS, HA XXII, Fo, Nr. 156

## Ausbildungsmöglichkeiten im Dienstobjekt „Walli"

Das DO (Dienstobjekt) „Walli" bei Wartin diente dem Ministerium für Staatssicherheit zur Ausbildung von eigenen Mitarbeitern und ausländischen Kader aus sogenannten „jungen Nationalstaaten".

Das undatierte Dokument aus den 1980er Jahren zeigt die Ausbildungsmöglichkeiten im Grenzgebiet der damaligen Bezirke Neubrandenburg und Frankfurt/Oder.

In Wartin wurden außerdem Sondereinheiten zur Terrorismusbekämpfung trainiert, die sogenannten Zentralen Spezifischen Kräfte, Flugsicherungsbegleiter und Objektsicherungskräfte.

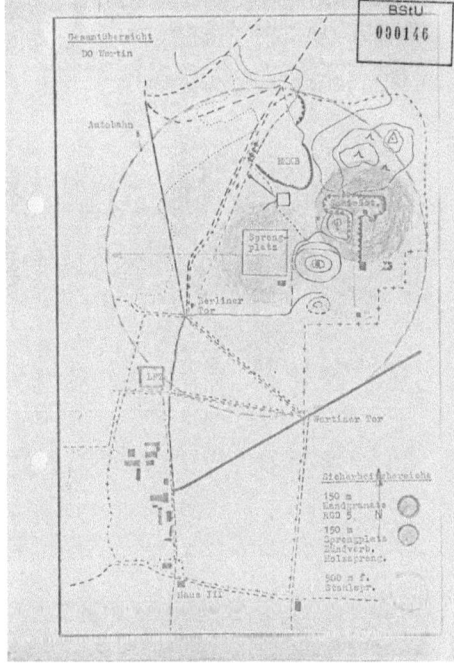

Auf dem Gelände bestanden Voraussetzungen zur Sprengausbildung. Ab Mitte der 80er Jahre konnten an einem ausgemusterten Verkehrsflugzeug vom Typ Tu-134 Antiterroreinheiten eine Befreiung entführter Passagiermaschinen trainieren. Dazu gibt es genaue Angaben auf den folgenden Dokumentenseiten. [7]

Übersichtsplan des Dienstobjektes „Walli"[8]

---

[7] BStU, MfS, HA XXII, Nr. 97, Bd. 4, Bl. 140-145

[8] BStU, MfS, HA XXII, Nr. 97, Bd. 4, Bl. 146

Anlage 2

## 2. Ausbildungsbasis Wartin

### 2.1. Theoretische Ausbildung in den einzelnen Ausbildungszweigen (Schulungsräume/Fachkabinette)

- Mehrzweckraum, alte Halle
  . Kapazität für ca. 40 auszubildende Kräfte
  . Möglichkeit für
    - Filmvorführungen
    - Arbeit mit Dia-Projektor, Polylux u. a. Unterrichtshilfsmitteln
  . ausgestattet mit einer mobilen Wandtafel

- Lektionsraum, MLK-Gebäude, Raum 405/406
  . Kapazität für ca. 32 auszubildende Kräfte
  . Möglichkeit für
    - Videovorführungen
    - Arbeit mit Dia-Projektor, Polylux u. a. Unterrichtshilfsmitteln
  . ausgestattet mit einer Wandtafel, einer Bildleinwand und einem Episkop

- Mehrzweckkabinett - MLK-Gebäude, Raum 403/404
  . maximal 16 Sitzplätze
  . geeignet für Arbeiten/Einweisungen am Modell des DO
  . ausgestattet mit topografischer Karte 1 : 50 000, Raum Angermünde - Schwedt - Prenzlau, topografischer Karte Umgebung des DO 1 : 25 000, Leuchtmarkierungsgerät mit Karte "Blumberger Wald" u. a., Wandtafel, Bildleinwand

### 2.2. Spezialtaktik

- Fachkabinett Spezialtaktik, MLK-Gebäude, Raum 423/424
  . Kapazität für ca. 16 auszubildende Kräfte
  . Möglichkeit für die Arbeit mit Dia-Projektor, Polylux u. a., Arbeit am Sandkasten
  . ausgestattet mit Wandtafel, Bildleinwand

- Fachkabinett Spezialtaktik, MLK-Gebäude, Raum ...
  . Kapazität für ca. 16 auszubildende Kräfte
  . Möglichkeit für die Arbeit mit Dia-Projektor, Polylux u. a.
  . Arbeit mit Stadt- und Geländemodell, mit topografischen Karten des Übungsraumes, ausgestattet mit Episkop, Wandtafel, Bildleinwand

- LFZ - TU 134 A [3)]
  . Trainingsobjekt für Handlungsvarianten zur Erstürmung von LFZ sowie zum Vorgehen im LFZ
  . Durchsuchung von LFZ nach SVG

- KOM - Ikarus
  . Training von Handlungsvarianten zur Erstürmung von KOM, die von Terrortätern besetzt sind
  . Training des Vorgehens im KOM zur Festnahme von Personen etc.

### 2.3. Pioniertechnische Ausbildung

- Fachkabinett Pioniertechnische Spezialausbildung, MLK-Gebäude, Raum 402
  . Kapazität für ca. 16 auszubildende Kräfte
  . Möglichkeiten für die Arbeit mit Dia-Projektor, Polylux, Anschauungstafeln, Modellen etc.

- Kampfmittelarbeitsraum, alte Halle
  . maximal 12 Ausbildungsplätze
  . dient der praktischen Ausbildung von Angehörigen auf den Gebieten
    - der militärischen Sprengausbildung
    - der spezifischen Sprengausbildung
    - der Anwendung von Brandmitteln
    - der SVG-Ausbildung

---

3) siehe LFZ-Nutzungsordnung

Zur Ausbildungsvorbereitung und -sicherstellung sind
weitere 3 Räume vorhanden.
Der Kampfmittelarbeitsraum ist ausgestattet mit allen
Unterrichtsmitteln, Werkzeugen und Materialien, die für
die praktische Ausbildung erforderlich sind.

- Kampfmittel-Lehrplatz im inneren Dienstobjekt

  . dient der praktischen Ausbildung im Ausbildungszweig
    Pioniertechnische Spezialausbildung, insbesondere zu
    Fragen der Ladungsberechnung, Ladungsanbringung und
    der Herstellung von Zündverbindungen

  . Im Bereich des Kampfmittel-Lehrplatzes befindet sich
    ein festes Gebäude mit 2 Räumen, das der SVG-Ausbildung dient, weiterhin eine mit Betonwänden umbaute
    Fläche, wo die Erprobung von Brandmitteln durchgeführt
    wird.

- Sprengplatz [4)]

  . ermöglicht die Durchführung von Holz-Erdstoff- und
    Stahlsprengungen in den Zündarten, Zündschnur- und
    elektrische Zündungen
    Alle hierzu erforderlichen Arbeiten können auf dem
    Sprengplatz durchgeführt werden.

  . maximale Ausbildungskapazität 30 auszubildende Kräfte

  . Sicherheitsprobleme

    Bei der Herstellung von Zündverbindungen/-schaltungen
    unter Anwendung von Sprengkapseln, Sprengzünder gilt
    ein Sicherheitsradius von mindestens 100 m, d. h., auf
    den angrenzenden Ausbildungsplätzen können parallel andere Ausbildungsmaßnahmen durchgeführt werden.

    Bei Holz-, Erd- und Stahlsprengungen ist ein Sicherheitsradius von 150 m, 140Vw$^3$ . h bzw. von 500 m erforderlich.
    Das bedeutet, daß in entsprechenden Umkreis keine anderen
    Maßnahmen durchgeführt werden können bzw. bei Stahlsprengungen das gesamte Ausbildungsgelände ab LFZ in nördlicher
    Richtung sowie die Zufahrtsstraßen Autobahn - DO und
    Wartin - DO gesperrt sind.

---

4) siehe Sprengplatzordnung ABW

### 2.4. Operativ-technische Ausbildung

- Ausbildungswerkstatt, alte Halle
  - Kapazität ca. 20 Plätze
  - dient vorwiegend der Realisierung handwerklicher Arbeiten im Rahmen von Ausbildungsmaßnahmen - operativ-technische Einsatz- und Kampfmittel - der Konservierung einzulagernder Materialien im TBK
  - Des weiteren kann dieser Raum auch für Unterweisungen und zum Waffenreinigen genutzt werden.

- MTBK-Lehrplatz
  - Für Ausbildungsaufgaben zur Vorbereitung von Kadern auf die Lösung von Aufgaben u. v. L. werden hier Übungsaufgaben für das Anlegen und Dokumentieren unterschiedlicher MTBK trainiert.
  - Dieser Platz ist im DO durch einen Maschendrahtzaun abgegrenzt.

### 2.5. Physische Ausbildung

- Mehrzweck-Sporthalle [5]
  - ermöglicht die gleichzeitige Ausbildung von ca. 30 Lehrgangsteilnehmern
  - ist mit allen erforderlichen Sportgeräten ausgestattet, Kombinationsgerät erlaubt ein intensives Krafttraining
  - Hallengröße ermöglicht Ballspiele u. a. Handball, Basketball und Volleyball
  - ausgestattet mit den erforderlichen Sanitäranlagen und -einrichtungen
  - Sporthalle ist beheizbar

- Sportplatz im inneren Dienstobjekt
  - stellt ein Provisorium dar
  - ermöglicht im beschränkten Maße leichtathletische Disziplinen (Wurf, Lauf)
  - Am Sportplatz befindet sich ein Mehrzweckgerüst und ein Volleyballplatz. Die Ballspielflächen sind nur provisorisch angelegt. (Kleinfeld Fußball/Handball)

---

[5] siehe Sporthallenordnung ABW

- Einzelkämpferkampfbahn (EKKB)
    . dient der physischen Ausbildung, insbesondere des Trainings zum Überwinden unterschiedlicher Hindernisse, der Arbeit am Hochgerüst (Seilarbeit, Klettertechnik usw.)
    . Alle Ausbildungsmaßnahmen zur militärischen Körperertüchtigung sind möglich.
    . Die vorhandene Schießstandtechnik ermöglicht das Schießen von Kampfübungen, insbesondere zur Bekämpfung plötzlich auftretender Gegner und von Zielen aus Nahdistanz.
    . Beim Schießen von Kampfübungen können angrenzende Übungsplätze weiter genutzt werden.

2.6. Schießausbildung [6]

- Fachkabinett Waffen-/Schießausbildung/Topografie
    . Kapazität für ca. 12 auszubildende Kräfte

- Schießplatz
    . größtmögliche Schußentfernung 300 m, Schießen mit allen Schützenwaffen, einschließlich SMG
    . Aufbau der Ziele/Zielgruppen gestattet das Schießen aus unterschiedlichen Entfernungen, auf feststehende, auftauchende Ziele
    . Zielgruppen werden von 3 verschiedenen Schaltpulten gesteuert, Eingabe von Zielprogrammen möglich (Zeitbegrenzung)
    . bewegliche Zieldarstellung gibt es nicht
    . weiterhin sind folgende Schießausbildungsmaßnahmen möglich:
        - Schießen auf Olympische Schnellfeueranlage
        - Schießen aus fahrenden Kfz
    . Für das spezifische Schießtraining steht ein OZG zur Verfügung.
    . Nach dem Schießen können die Waffen vor Ort gereinigt werden.

---

[6] siehe Schießstandordnung ABW

- Handgranatenwurfstand
  . Training des Werfens von Handgranaten RGD 5
  . Anlage besteht aus einem Grabensystem mit 2 Betonbunkern und einem Wurfstand aus Betonelementen
  . Sicherheitsbestimmungen sind entsprechend den geltenden Normen zu beachten
  . Beim Schießen bis zu Entfernungen von 100 m können angrenzende Ausbildungsplätze (Sprengplatz, Einzelkämpferkampfbahn und Gelände hinter dem "Schwarzen Berg") genutzt werden.
  . Beim Schießen über 100 m bis 300 m ist das Gelände hinter der Feuerlinie im gesamten Bereich für keine Ausbildung zugelassen, d. h., generell die EKKB, das Gelände hinter dem "Schwarzen Berg", der Sprengplatz in Abhängigkeit von der Schußentfernung.
  . Beim Werfen der Handgranate RGD 5 ist der Schießstand gesperrt, im übrigen Gelände gilt ein Sperrkreis mit einem Radius von 150 m.
  . Beim Werfen von Verteidigungshandgranaten (Splitterhandgranaten) gilt ein Sperrkreis mit einem Radius von 500 m, d. h., das gesamte Ausbildungsgelände ist bis zur Höhe LFZ/KOM gesperrt. Die Zufahrtsstraße Autobahn - Dienstobjekt, Wartin - Dienstobjekt ist nicht befahrbar.

## 2.7. Nachrichtenausbildung

- Funkkabinett, alte Hallte
  . Kapazität für maximal 22 auszubildende Kräfte für UKW-Sprechfunkausbildung sowie für 20 auszubildende Kräfte für KW-Funkausbildung (Ausbildung am Funkpult)
  . Fachkabinett ist ausgestattet mit allen erforderlichen technischen Geräten und einer Wandtafel

## 2.8. Sonstige Ausbildungsmöglichkeiten

- Übriges Ausbildungsgelände im DO, angrenzendes Territorium
  . "Blumberger Wald" (Waldgebiet ist öffentlich, Bestandteil des Staatlichen Forstwirtschaftsbetriebes)
  . Durchführung von Ausbildungsmaßnahmen zum Training taktischer Grundvarianten, Ausbildung Topografie, Orientierung im Gelände, Aufklärung, Beobachtung etc.

## *Unterbringungsmöglichkeiten im Dienstobjekt „Walli"*

Im Juni 1989 konnten im Ausbildungsobjekt „Walli" im baufälligen Hauptgebäude – es stammte übrigens aus dem Jahr 1936 – keine „Ausbildungskräfte" mehr untergebracht werden. Die Hauptabteilung XXII des Ministeriums für Staatsicherheit schätzte, dass die Renovierung 370.000 Mark kosten würde.[9]

```
Hauptabteilung XXII           Berlin, 7. 6. 1989
Abteilung 10                  mü-wie/  331  /89         BStU
                                                       000109
```

Gegenwärtige Unterbringungsmöglichkeiten von Ausbildungskräften
im Dienstobjekt Wartin

Am 7. 6. 1989 wurde durch die Genossen

    Major Müller      HA XXII/10
    Hptm. Friedrich    HA XXII/11, Ref. 3
    Major Walther     HA XXII/10, Ref.-Ltr.
                          DO Wartin

eine Objektbegehung zur Prüfung der Unterbringungsmöglichkeiten der an der Ausbildung teilnehmenden Genossen durchgeführt.

**Ergebnisse**

Aus der Sicht der an der Objektbegehung beteiligten Mitarbeiter ist die Unterbringung von Ausbildungskräften zum gegenwärtigen Zeitpunkt nicht möglich.

**Begründung**

Die Unterbringungsmöglichkeiten im Hauptgebäude (25 Betten) ist erst nach der vollständigen Rekonstruktion des Obergeschosses möglich.

Dazu sind dringend folgende Baumaßnahmen notwendig:

1. Erneuerung der Dachhaut
   Termin der Fertigstellung ca. 30. 8. 1989
   (entsprechend getroffener Absprachen zwischen Gen. Schneider, HA XXII/11 und PGH Bau Angermünde).
2. Projekterarbeitung Heizungs- und Elektroinstallation.
   Die Elektroanlage im Objekt (Hauptgebäude) entspricht nicht mehr den technischen und sicherheitsmäßigen Anforderungen (Installation erfolgte ca. 1936).

   Die Heizungsanlage entspricht nicht mehr, nach Aussagen des Nutzers, den wärmeenergetischen Anforderungen (Baujahr ca. 1936).
3. Infolge jahrelanger Witterungseinflüsse (Nässeschäden) sind umfangreiche
   - Holzschutz-,
   - Maurer-,
   - Putz-,
   - Tischlerarbeiten

erforderlich.

---

[9] BStU, MfS, HA XXII, Nr. 5383, Bd. 4, Bl. 109-111

4. Die malermäßige Instandsetzung des gesamten Obergeschosses nach Abschluß der unter Punkt 3 genannten Arbeiten.

5. Teilweise Erneuerung der Fußbodenbeläge im Obergeschoß.

Die Baumaßnahmen

    Holzschutz-,
    Maurer-,
    Putz-, und
    Tischlerarbeiten

sind aufgrund ihres Umfanges nicht in Eigenleistung zu realisieren.

Es ist unzweckmäßig, nach Fertigstellung des Daches das Obergeschoß des Hauptgebäudes malermäßig instandzusetzen, ohne daß die unter Punkt 3 aufgeführten Vorarbeiten geleistet wurden.

Für die Durchführung der Rekonstruktionsmaßnahmen müßten über das zuständige Fachorgan (Bauwesen I) im Territorium des DO Wartin die notwendigen Bilanzen beantragt werden.

<u>Finanzieller Aufwand (Schätzung)</u>

| | |
|---|---|
| - Erneuerung Dachhaut | 120 TM (Geld 1989 vorhanden) |
| - Holzschutzmaßnahmen | 10 TM |
| - Projektierung Elektro/Heizung | 25 TM |
| - Elektroinstallation | 100 TM |
| - Heizungsinstallation | 120 TM |
| - Maurer- und Putzarbeiten | 15 TM |
| - Tischlerarbeiten | 5 TM |
| - Fußbodenarbeiten | 25 TM |
| - Malerarbeiten | 70 TM |
| | 370 TM |

Laut Bauperspektivplan sind diese Arbeiten für das Planjahr 1992 bei der Abteilung Bauwesen geplant.

<u>Unterbringungsmöglichkeiten</u>

1. Hauptgebäude    8 Räume = 25 Genossen WSE
2. Haus I    12 Räume = 20 Genossen
    (unterschiedliche Raumgrößen)
3. Haus II    18 Räume = 30 Genossen

**Mobilar**

Das in den Unterkünften des DO Wartin vorhandene Mobilar ist in seinem Zustand materiell und moralisch zerschlissen.

In Absprache mit der VRD wurde zugesichert, daß am 8. 6. 1989 eine telefonische Information über vorhandene Möglichkeiten der Bereitstellung von 30 x Wohnraummöbeln (Betten, Tische, Stühle, Schränke) an den Leiter der Abteilung 10 erfolgt.

Für die Gewährleistung einer planmäßigen materiellen Sicherstellung und perspektivischer Werterhaltungsmaßnahmen macht sich die Erarbeitung einer Nutzungskonzeption für das gesamte Dienstobjekt Wartin erforderlich.

Müller
Major

Friedrich
Hauptmann

## *Bericht über einen Brand im Dienstobjekt „Walli"*

**HAUPTABTEILUNG XXII**
Lagezentrum

**INFORMATION-Nr.** 341/89

über Brand im Dienstobjekt Wartin der HA XXII

Datum: 19. 6. 89
Uhrzeit: 20.00

Meldende DE:
HA XXII/Brandschutzinspektor

sonstige Quelle:

Verteiler:
Stellv. des Ministers
Leiter der DE
Stellv. für op. Arbeit
Stellv. für mil.-op. TA
Stellv. für Sicherstellung
Bereichsleiter Ausbildung
Bereichsleiter Kampfkräfte
Abteilung 1, 2, 3, 4, 5, 6, 7, 8, 9, 10, 11
AKG, AGL, Sekr, ZGV
Referat 13, 14

andere Diensteinheiten:

Um 14.05 Uhr kam es auf dem zum Ausbildungsgelände des Dienstobjektes Wartin gehörenden Sprengplatz nach der Explosion von Imitationsmitteln Typ - G - zu einem Flächenbrand in der Größe von ca. 300 x 100 m. Die Brandausdehnung wurde durch die anhaltende Trockenheit des Geländes begünstigt.

Nach ersten Untersuchungsergebnissen wurde der Brand durch den unsachgemäßen Umgang mit o. g. Sprengmitteln im Rahmen von Ausbildungsmaßnahmen des derzeitigen TSK-Lehrganges (8 Genossen der BV Potsdam) verursacht. Vermutlich sind die bei der vor Ausbildungsbeginn erfolgten Einweisung gegebenen Sicherheitsgrundsätze für den Umgang mit entsprechenden Explosivmitteln (u. a. Einzelsprengung, Abdämmung mit Erdreich) nicht vorschriftsmäßig befolgt worden.
Durch Kräfte des DO Wartin wurde der Brand nach kurzer Zeit unter Kontrolle gebracht und selbständig gelöscht.
Der Einsatz der bei Brandwahrnehmung alarmierten Freiwilligen Feuerwehr Wartin wurde nicht erforderlich (kein Betreten des DO).
Personen kamen nicht zu Schaden, es entstand Sachschaden (Kiefernanpflanzung zwischen 3 und 10 Jahren Standzeit wurde vernichtet). Bis auf Widerruf wurden Brandwachen eingesetzt.

Durch den Leiter der HA XXII/5, OSL Schaar, und den Leiter der KD Angermünde, OSL Benn, wurde abgestimmt, daß die Meldung über den Einsatz der FFw Wartin über den Verantwortungsbereich des VPKA Angermünde nicht hinausgeht.

Zu Brandursache, -verlauf und -folgen wird durch HA XXII/5 ein detaillierter Bericht, einschließlich Zeitangaben sowie Bildmaterial, erarbeitet.

*Bei einer Sprengübung im Dienstobjekt Wartin kam es am 9. Juni 1989 nachmittags gegen 14 Uhr zu einem Flächenbrand auf dem Gelände. Der Unfall ereignete sich während einer Ausbildung mit Sprengstoff.*[8]

---

[8] BStU, MfS, HA XXII, Nr. 5383, Bd. 4, Bl. 115

## Bei der militärischen Ausbildung

Anlässlich des 60. Jahrestags der Oktoberrevolution 1977 fand im Ausbildungsobjekt „Walli" eine militärische Ausbildung unter der Losung „Aktion 60" statt. Dabei entstand während der militärischen Ausbildung im Objekt dieses Bild von Angehörigen der Staatssicherheit in Schutzausrüstung.[9]

---

[9] BStU, MfS, IIA XXII, Fo, Nr. 174, Bild 18

# *Protokoll über eine Besichtigung des Dienstobjektes „Walli" im Oktober 1989*

Hauptabteilung XXII  
Leiter

Berlin, 13. Oktober 1989  
VLA      114 /89

Stellvertreter des Ministers  
Genossen Generalleutnant Neiber

Beiliegend überreiche ich Ihnen das Protokoll über die Besichtigung des Ausbildungsobjektes Wartin der Hauptabteilung XXII am 26. 7. 1989.

Die durch Sie im Zusammenhang mit der Besichtigung gestellten Aufgaben wurden als wesentlicher Schwerpunkt bei der weiteren Profilierung der HA XXII als federführende Diensteinheit bei der Terrorismusbekämpfung und vorbeugenden Terrorabwehr in den Mittelpunkt der Führungs- und Leitungstätigkeit gestellt und waren Gegenstand vielfältiger Beratungen im Leitungskollektiv sowie mit Leitern u. a. verantwortlichen Offizieren anderer Diensteinheiten des MfS.

Diese Beratungen und die durch die gemäß Pkt. 4 des Protokolls gebildete nichtstrukturelle Arbeitsgruppe bisher durchgeführten Untersuchungen und Vorabsprachen zur Erschließung neuer Möglichkeiten für eine qualifiziertere Durchführung und Sicherstellung der Ausbildung spezifischer Kampfkräfte des MfS haben ergeben, daß bei effektiver Nutzung und Erweiterung vorhandener Unterkunfts- und Ausbildungseinrichtungen

    der Dienstobjekte Börnicke/Helenenau ("76") und Glienicke  
    der Hauptabteilung XXII sowie

    des TÜP Teupitz des Wachregiments F. E. Dzierzynski

auf das Dienstobjekt Wartin der HA XXII als zentrales Ausbildungsobjekt verzichtet werden kann.

Darüber hinaus kann durch Teilnutzung der Ausbildungsbasis Kallinchen der HA PS und des TÜP Lehnin der NVA eine qualifiziertere Durchführung von Teilelementen der Spezialausbildung erreicht werden.

Davon ausgehend wird in Abstimmung mit dem Leiter der VRD vorgeschlagen, daß das Dienstobjekt "76" zentrales Ausbildungsobjekt der HA XXII wird.

Dazu wäre erforderlich:

1. Die Abteilung 6 (Technik) nicht in das Dienstobjekt "76" zu verlegen und Möglichkeiten zum Verbleib im Dienstobjekt Hoppegarten zu prüfen.

In Abstimmung mit der VRD wurde eine Lösung insofern gefunden, daß im DO Hoppegarten nur einzelne Räume der Abteilung XI zur Verfügung gestellt werden und die Abteilung 6 im wesentlichen in ihren jetzigen Räumen verbleiben kann.

2. Die zur Zeit im DO "76" dislozierten Kräfte und Mittel der Abteilungen 7 (Ausländerausbildung) und 5 (Tauchen, Fallschirmspringen) in das DO Glienicke zu verlegen und die dort zur vorläufigen Unterbringung vorgesehenen Teilobjekte entsprechend den Erfordernissen in Zusammenarbeit mit der VRD kurzfristig herzurichten.

Dadurch werden vorerst die vorhandenen Unterkunftsmöglichkeiten für Lehrgänge im DO Glienicke, insbesondere im spezifischen Zweikampf, eingeschränkt, und es entsteht das Erfordernis, dafür weitere Teilobjekte zu rekonstruieren.

Entsprechend den dann im DO "76" vorhandenen und noch zu schaffenden Voraussetzungen kann sichergestellt werden, daß ein Großteil der lehrgangsmäßigen Ausbildung mit einer Kapazität von 50 - 55 Lehrgangsteilnehmern im DO "76" realisiert werden kann.

Zur Durchführung der bisher im DO Wartin realisierten Ausbildungsinhalte, insbesondere der Spezialausbildung der Kampfkräfte, sind auf dem TÜP Teupitz des Wachregiments F. E. Dzierzynski die erforderlichen Voraussetzungen zum Teil vorhanden.

Im Ergebnis einer Vorort-Besichtigung mit dem Kommandeur des Wachregiments, Genossen Generalmajor Döring, wird zur Zeit durch verantwortliche Offiziere der HA XXII und des Wachregiments eine Konzeption zum Ausbau und zur Mitnutzung der Ausbildungs- und anderen Einrichtungen des TÜP Teupitz durch die HA XXII erarbeitet.

In Abstimmung mit dem Stellvertreter des Leiters der HA Kader und Schulung und Leiter des Bereiches Ausbildung, Genossen Oberst Hempel, wird eine Entscheidung vorbereitet, 3 Unterkunftsbaracken auf dem Gelände des TÜP Teupitz, deren Belegung bisher von der HA Kader und Schulung geplant wurde, der HA XXII zur Nutzung zu übergeben, um einen mehrtägigen Ausbildungsbetrieb mit Übernachtung zu sichern.

Vorabsprachen

über den Stellvertreter des Leiters der HA PS, Gen. Oberst Wirt, mit dem Leiter der Abt. Ausbildung der HA PS zur Mitnutzung der Ausbildungsbasis Kallinchen für Elemente der Spezialausbildung von Einsatzkraftfahrern und des spezifischen Einsatztrainings und

über den Stellvertreter des Leiters der HA I beim Kommando LaSK der NVA, Gen. Oberst Heckel, mit dem Stellvertreter für Ausbildung beim Kommando LaSK der NVA zur Mitnutzung des TÜP Lehnin für Maßnahmen der Fallschirmsprungausbildung und der spezifischen Komplexausbildung im Ortskampfobjekt

haben ergeben, daß beide Ausbildungseinrichtungen den spezifischen Erfordernissen der HA XXII in den genannten Ausbildungsrichtungen entsprechen.

Zur tageweisen Nutzung der Ausbildungsbasis Kallinchen ist eine Vereinbarung mit dem Leiter der HA PS im Zusammenhang mit der Überarbeitung der vorhandenen Koordinierungsvereinbarung vorgesehen.

Die Mitnutzung des TÜP Lehnin muß jährlich abgestimmt werden und wurde für 1990 bereits vereinbart.

Bei Realisierung der auf der Grundlage der unterbreiteten Vorschläge und geführten Vorabstimmungen konzipierten Aufgabenkomplexe (Maßnahmeplan vgl. Anlage) kann sichergestellt werden, daß das DO Wartin ab

1. Juli 1990

durch die HA XXII geräumt und an einen anderen Nutzer übergeben werden kann.

Anlagen
Protokoll
Maßnahmeplan

Franz
Oberst

---

*Im Juni 1989 arbeitete das MfS ein Perspektivplan zur Werterhaltung des Dienstobjekts aus. Darin wurden notwendige Bau- und Instandhaltungsarbeiten aufgelistet. Geklagt wurde vor allem, dass die vorhandene Bausubstanz in solch schlechtem Zustand sei, dass es nicht länger möglich sei, neue Ausbildungskräfte unterzubringen.*
*Vier Monate später informierte der Leiter der Hauptabteilung XXII, Horst FranzHorst, im vorliegenden Protokoll, dass das vorhandene Dienstobjekt bis Juli 1990 zu räumen und einem anderen Nutzer zu übergeben sei. Die dort durchgeführten Ausbildungsinhalte könnten auch auf dem Truppenübungsplatz des Wachregiments Berlin mit der dort vorhandenen Ausstattung durchgeführt werden.*[10]

---

[10] BStU, MfS, HA XXII, Nr. 5145, Bl. 81-83

## Der Anfang vom Ende in Wartin

Im Zuge der friedlichen Revolution versammelten sich am 5. Dezember 1989 mehrere Personen der SDP Ortsgruppe Schwedt vor der Wache des Dienstobjekts und verlangten Auskunft über die dortigen Handlungen. In einem Bericht an das Lagezentrum der Hauptabteilung XXII des Ministeriums in Berlin heißt es:

„Am 5.12.89, 19.45 Uhr, erschienen 5 Personen der SDP, Ortsgruppe Schedt, am Dienstobjekt Vartin[11] und wollten dieses besichtigen.

Um 20.30 Uhr traf der objektverantwortliche Leiter OSL Jonscher am Objekt ein und führte mit dem Sprecher der SDP-Gruppe Dr. Knöfler die Verhandlungen. Die SDP-Gruppe wollte telefonischen Hinweisen aus der Bevölkerung nachgehen, nach denen im Objekt Hubschrauberaktionen, Sprengungen und LIüv-Transporte durchgeführt worden seien. Durch OSL Jonscher wurde darauf verwiesen, daß der letzte Hubschrauberstart vor 5 Jahren erfolgte, die Sprengungen mit der militärischen Ausbildung Zusammenhängen und die LKW-Transporte ausschließlich Versorgungsfahrten dienten. Es wurde betont, daß die Ausbildungsmaßnahmen der Terrorabwehr dienen. Die Notwendigkeiten dieser wurde von der Gruppe anerkannt.

Im Gespräch blieb offen, ob es sich um ein NVA-, MDI- oder anderes Objekt handelt. Es wurde auch nicht danach gefragt.

Der Sprecher der SDP-Gruppe und OSL Jonscher wurden fotografiert, das Objekt selbst nicht.

Durch OSL Jonscher wurde darauf verwiesen, daß eine Objektbesichtigung nur im Beisein eines Staatsanwaltes möglich ist.

Um 21.15 Uhr verließen die SDP-Leute das Objekt Wartin.

---

[11] *Schreibweise von Wartin entspricht dem Protokoll.*

Vom Sachverhalt wurde der LDE und der ZOS informiert. Ein ausführlicher Bericht wird durch Genossen Jonscher nachgereicht."[12]

Am 31. Januar 1990 wurde das Dienstobjekt „Walli" durch das AfNS (Amt für Nationale Sicherheit) an den Kreis Angermünde übergeben. Der vorliegende „Maßnahmeplan" nennt alle dafür notwendigen organisatorischen Schritte.

---

Berlin, 11. Januar 1990

BStU
000144

**Maßnahmeplan**
**zur Übergabe des Dienstobjektes Wartin**

Entsprechend dem Beschluß des Rates des Kreises Angermünde wird das Dienstobjekt Wartin des ehemaligen Amtes für Nationale Sicherheit mit Wirkung vom

31. Januar 1990

an den Rat des Kreises Angermünde übergeben.

Die Übergabe/Übernahme des Dienstobjektes vollzieht sich auf der Grundlage der am 05.01.1990 zwischen dem Beauftragten des Amtes für Nationale Sicherheit, Genossen Bützow, sowie dem Beauftragten des Rates des Kreises Angermünde, Genossen Zirke, getroffenen schriftlichen Vereinbarung (liegt bei Genossen Bützow vor).

Während einer am 10.01.1990 im Dienstobjekt Wartin geführten Beratung, an der die Genossen

| | |
|---|---|
| Müller | HA XXII/10 |
| Matschke | HA XXII/11 |
| Jonscher | HA XXII/5 |
| Walther | HA XXII/10 |

teilnahmen, wurde festgelegt, daß

1. die ständige Verbindung zwischen dem Amt für Nationale Sicherheit, DO Wartin, zu dem mit der Übernahme des Objektes bevollmächtigten Beauftragten des Rates des Kreises, Genossen Zirke, durch die Genossen Jonscher und Walther aufrecht zu erhalten ist;

---

[12] BStU, MfS, HA XXII, Nr. 5192, Bd. 10, Bl. 7

Gleiches trifft für die Aufrechterhaltung der Kontakte zu der Bürgermeisterin der Gemeinde Grünz und dem Bürgermeister der Stadt Pasewalk sowie zu Vertretern örtlicher Bürgerinitiativen zu.

2. allen Weisungen des Beauftragten des Rates des Kreises Angermünde Folge zu leisten ist.

Zur Realisierung der für die termingerechte Übernahme des Dienstobjektes Wartin erforderlichen Aufgaben werden folgende Maßnahmen festgelegt:

1. Klärung der Veränderung der Rechtsträgerschaft mit der Abteilung Bauwesen I - Liegenschaftsdienst
Termin: 24.01.1990
verantwortlich: Genosse Däbritz

2. Erarbeitung eines Übergabe-/Übernahmeprotokolls
Termin: 22.01.1990
verantwortlich: Genosse Walther

3. Vorbereitung und Zusammenstellung der technischen und baulichen Objektunterlagen und Pläne
Termin: 20.01.1990
verantwortlich: Genosse Walther

4. Zusammenführung der materiellen Bestände, konzentriert in einer Lagerhalle (Vorgabe des Genossen Zirke) und listenmäßige Erfassung als Anlagen zum Übergabe-/Übernahmeprotokoll
Termin: 30.01.1990
verantwortlich: Genosse Walther

5. Durchführung einer Inventur der Verpflegungseinrichtung/
   Verkaufsstelle
   Termin:           28.01.1990
   verantwortlich:   Genossin Karmann
                     Genossin Fankhänel
                     Genosse Walther

6. Veranlassung des Ausbaus der operativen Sicherungstechnik
   (wurde bereits am 09.01.1990 durch das Bezirksamt Frank-
   furt/Oder erledigt, Material wurde durch die Ausführenden
   zurückgeführt.)

7. Übergabe Nachrichtentechnik und Kabellageplan, Rückführung
   von Fernmeldetechnik und Abbau von 3 UKW-Antennen, die
   sich auf verschiedenen Gebäuden des Dienstobjektes Wartin
   befinden
   Termin:           25.01.1990
   verantwortlich:   Genosse Rehm

8. Übergabe der Schlüsselsysteme
   Termin:           31.01.1990
   verantwortlich:   Genosse Walther


Zu beachtende Hinweise:

Der Bauftragte des Rates des Kreises Angermünde, Genosse
Zirke (Telefon Angermünde 3421) hat festgelegt, daß

- ohne seine Zustimmung <u>keinerlei</u> Materialien aus dem Dienstobjekt Wartin verbracht werden;

- der Abtransport von Gegenständen, die militärischen Charakter
  tragen, bei Genossen Zirke anzumelden ist;

- am 15.01.1990, 08.00 Uhr unter Leitung des Genossen Zirke eine nochmalige Begehung des Objektes stattfindet, an der die Bürgermeisterin der Gemeinde Grünz, der Bürgermeister der Stadt Pasewalk sowie die Genossen Jonscher und Walther vom Amt für Nationale Sicherheit teilnehmen.
Bei dieser Begehung erfolgt die Ausgrenzung der Flächen, die zum Kreis Pasewalk gehören.

Das im Dienstobjekt Wartin stationierte Luftfahrzeug wird an den Rat des Kreises Angermünde übergeben.

Genosse Jonscher verwies darauf, daß noch Entscheidungen über die Rückführung von im Dienstobjekt befindlichen Chemikalien und Giften, die für Ausbildungszwecke genutzt wurden, getroffen werden müßten. Zur Vorbereitung von Entscheidungen wurde am 11.01.1990 Rücksprache zwischen Genossen Schaar und Vorsatz geführt.

## Zur Kadersituation

Die HA XXII/10, Referat 2 (DO Wartin) verfügt gegenwärtig über einen Kaderbestand von 1 : 12. Davon werden 5 Heizer und 4 Mitarbeiter in der Verpflegungseinrichtung eingesetzt. Mit den verbleibenden 3 Mitarbeitern ist es dem Genossen Walther nicht möglich, die umfangreichen Materialbestände in einer Lagerhalle zu konzentrieren und gleichzeitig Auflistungen der Materialien vornehmen zu lassen. Er bittet um Prüfung, ob ihm 5 Mitarbeiter der HA XXII/5, DO Glienicke, zur Unterstützung zukommandiert werden können.

Die durch die HA XXII/5 im Dienstobjekt Wartin eingesetzten Mitarbeiter werden zur Auflösung der Ausbildungsbasen benötigt.

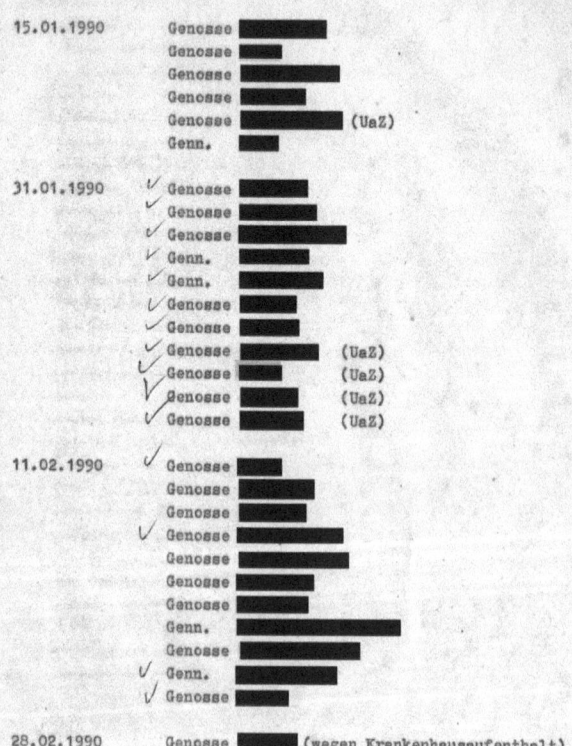

**Stand der Entlassungen**

15.01.1990   Genosse
             Genosse
             Genosse
             Genosse
             Genosse     (UaZ)
             Genn.

31.01.1990  ✓ Genosse
            ✓ Genosse
            ✓ Genosse
            ✓ Genn.
            ✓ Genn.
            ✓ Genosse
            ✓ Genosse
            ✓ Genosse    (UaZ)
            ✓ Genosse    (UaZ)
            ✓ Genosse    (UaZ)
            ✓ Genosse    (UaZ)

11.02.1990  ✓ Genosse
              Genosse
              Genosse
            ✓ Genosse
              Genosse
              Genosse
              Genosse
              Genn.
              Genosse
            ✓ Genn.
            ✓ Genosse

28.02.1990    Genosse     (wegen Krankenhausaufenthalt)

Ein Teil der Mitarbeiterinnen/Mitarbeiter geht in Übergangsrente, außer 3 Genossen verfügen alle über ein neues Arbeitsverhältnis. Die 3 Genossen werden weiterhin durch die HA XXII/10 und Genossen Franz, A. betreut.

## Feuerlöschübung August 1985

Im Dienstobjekt „Walli" bei Wartin bildete die Stasi unter anderen Sondereinheiten zur Terrorismusbekämpfung an einem Passagierflugzeug Tupolew Tu-134 aus. Die Bilder zeigen eine Feuerlöschübung im Jahr 1985 bei der die Maschine auseinanderbrach.[13]

Bei der Maschine handelt es sich um eine TU 134 mit der Produktionsnummer 9350912 die am 31. Oktober 1969 vom Kommando Luftstreitkräfte/Luftverteidigung der DDR mit der Registrierung DM- SCG „179" in Dienst gestellt wurde. Im Juni 1974 wurde sie der INTERFLUG übergeben, die am 8. Juli 1981 eine Umregistrierung vornahm. Fortan trug die Maschine die Kennung DDR-SCG. Am 14. Juli 1985 wurde die Tupolew 134 außer Dienst gestellt und in Erfurt geparkt.

Nach ihrer Überführung diente sie in Wartin im August 1985 einer groß angelegten Feuerlöschung. Dabei zerbrach die Maschine. Ihre verbrannten Reste wurden danach entsorgt. Die Maschine wurde am 6. Augst 1985 aus dem Luftfahrtregister gelöscht.

Die Fotos der finalen Feuerlöschübung belegen, dass es in Wartin, zumindest zeitweise, zwei Flugzeuge vom Tpy Tupolew 134 gegeben hat.

Die zweite Maschine diente der Übung von Geiselbefreiungen, ähnlich dem Vorgehen der bundesdeutschen GSG 9 bei der Geiselbefreiung der 1977 nach Mogadischu entführten Lufthansa-Maschine „Landshut". Sie wurde 1990 offiziell an den Rat des Kreises Angermünde übergeben und steht heute im Garten des „Deutschen Hauses" in Grünz.

---

[13] *BStU, MfS, HA XXII, Fo, Nr. 341, Bild 11-149*

*Training einer Geiselbefreiung*[14]

[14] BStU, MfS, HA XXII, Fo, Nr. 176, Bild 8-19

*Ahrensdorf, Stegelitz*

## Traum und Trauma Afrika

**Nachdem Deutschland 1919 die Kolonien in Afrika und Asien verloren hatte, lebte der Traum vom Deutschen Empire ab 1925 in der Feriensiedlung Neu Afrika bei Templin weiter, die auch während des Nationalsozialismus und in DDR-Zeiten Sommerfrischler, Urlauber und Ferienkinder anzog. Während Neu Afrika unterging, überlebte kaum 20 Kilometer weiter Afrika.**

Für 7200 Dukaten und „12 Mohren" war das Geschäft gemacht: Für diesen Preis verkaufte König Friedrich Wilhelm I. in Preußen 1720 die brandenburgischen Kolonien im heutigen Ghana an die Niederländische Westindien Kompanie. Danach dauerte es mehr als 150 Jahre, bis der Bremer Kaufmann Adolf Lüderitz durch Landerwerb im Südwesten Afrikas und der Hamburger Kaufmann Adolph Woermann durch Landkauf in Kamerun und Togoland Kanzler Otto von Bismarck 1884 nötigten, Deutschland in ein koloniales Abenteuer zu stürzen. Mit der Unterzeichnung des Versailler Vertrages 1919 war Schluss mit den hochfliegenden Plänen eines Deutschen Empires. Das wilhelminische Kaiserreich verlor seinen Besitz in Übersee.

Doch nicht alle Deutschen wollten den Weltmacht-Traum ad acta legen. Die mehr als 40.000 Mitglieder starke Deutsche Kolonialgesellschaft, deren Präsident von 1895 bis 1920 Herzog Johann Albrecht zu Mecklenburg-Schwerin war und zu deren Vizepräsidenten auch Hermann Graf von Arnim-Muskau aus der Boitzenburger Linie gehörte, propagierte zur Zeit der Weimarer Republik die Wiedererrichtung eines deutschen Kolonialreiches. Mit diesen Forderungen befand sich die Gesellschaft in

Übereinstimmung mit der Kolonialpolitik der Nationalsozialisten, mit denen sie Ende der 1920er-Jahre eng zusammenarbeitete.

Eigene koloniale Träume lebte in dieser Zeit an der Müritz der frühere Afrika-Farmer Frank Hamann, der kurz vor dem Ersten Weltkrieg aus Kamerun nach Waren zurückgekehrt war. Da ihn die Landschaft an sein Kamerun-Abenteuer erinnerte, kaufte er ein etwa zwei Kilometer langes Ufergebiet und ließ es als „Kamerun" ins Grundbuch eintragen. Aus diesem Grund erhielt später auch der Camping- und Wohnmobilpark den Namen Kamerun.

Ähnlich verhielt es sich in Ahrensdorf bei Templin. Am Lübbesee begann 1925 der aus Berlin in die Uckermark gezogene Robert Preußner mit dem Bau einer Feriensiedlung. Er hatte erkannt, dass auch bei härtester Arbeit dem kargen Boden vor Ort keine nennenswerten Erträge abzugewinnen waren und selbst Kiefern nur schwer gediehen. Das dürfte ihn an seine Zeit als Angehöriger der Kaiserlichen Schutztruppe in Deutsch-Südwestafrika erinnert haben. Zudem kannte er als Großstädter auch deren Bedürfnis, dem Stress zu entkommen und sich in der Natur zu erholen. Preußner errichtete zunächst sieben Hütten, die in der Anlage einem afrikanischen Dorf ähnelten. Im Zentrum baute er ein „Palaver-Haus". Die Sommerfrischekolonie erhielt den Namen „Neu Afrika".

*Ein „afrikanischer" Zaunpfosten am Zugang zum Gelände der einstigen Feriensiedlung.*

*Auf den Fundamenten der früheren Fasanerie erhebt sich dieser auffällige Bungalow.*

Die Hütten boten zwar keinen Komfort, waren aber bequem und zweckmäßig eingerichtet. Die Kolonie, zu der Pontoks gehörten, Rundhütten nach Herero-Vorbild, sowie Pfahlbauten, wurde später mit weiteren Unterkünften im Afrika-Stil erweitert. Sie erhielt auch einen als Fasanerie bezeichneten Ziergeflügelhof, wo neben Pfauen Nutzgeflügel gehalten wurde und auch eine Rehfamilie zu bewundern war. Verschiedene Pflanzen wurden angebaut. Sogar große Palmen gab es im uckermärkischen Afrika. Zu DDR-Zeiten, als koloniales Wissen aus den Köpfen verschwunden war, wurden aus den Herero-Pontoks, die auf Vorkriegspostkarten abgebildet waren, Pontons. Der Name der Schwimmkörper klang jedenfalls ähnlich wie der der alten Rundhütten.

*1925 begann Robert Preußner, ein ehemaliger Angehöriger der deutschen Schutztruppe in Deutsch-Südwestafrika, mit dem Bau einer Sommerfrischekolonie am Lübbesee in Ahrensdorf bei Templin. Das „Feriendorf" wurde auch zur Nazizeit und in der DDR betrieben. 1989 war Schluss.*

Preußners Feriendorf fand schnell Zuspruch bei den Berlinern, bei Handwerksburschen aus ganz Deutschland und vor allem bei „einfachen Leuten", die allerdings wenig vom ursprünglichen Afrika wussten, sich mit Federbüschen wie Indianer schmückten und mit Hackebeil, Bumerang, Speer und Schild Kriegstänze aufführten. Es wurde auch schnell zum beliebten Ausflugsziel der Einheimischen. Die Anlage lag verkehrstechnisch günstig in der Nähe der Landstraße und der Bahnstation. Bereits drei Jahre nach Bau der Siedlung gab es eine ganze Kollektion von Ansichtskarten aus Neu Afrika, die schnell Nachauflagen erzielten.

Das im Mittelpunkt der Anlage stehende „Palaver-Haus" war der gemeinschaftliche Treffpunkt in der postkolonialen Ferienanlage, zu der auch ein Kinderspielplatz und ein Badestrand sowie eine Kiefernschonung gehörten. Ein Teil der Feriensiedlung ist heute in Privatbesitz. Vor der Wende gehörte das Areal den Leuna-Werken, die es 1965/66 ausbauten und als Kinderferienlager nutzten.

Nach der Wende wurde das im Dezember 1992 gegründete Feriendorf Neu-Afrika GmbH 1993 vom Amtsgericht Potsdam ins Handelsregister eingetragen. Man wollte die Feriensiedlung wieder beleben, Veranstaltungen organisieren, eine Schönheitsfarm mit Sauna und Sonnenstudio, Restaurants, Cafés sowie ein Fitnesscenter betreiben. Da sich aber nichts tat, wurde die Firma 2008 amtlich gelöscht. Im November 2010 sicherte sich ein Berliner die Internetadresse „Neuafrika.de". Dem Familiennamen nach könnte es ein Verwandter des einstigen Gründers sein.

Spuren Neu Afrikas sind noch heute zu finden, darunter das letzte Palaver-Haus. Von der Petersdorfer Straße kann man rechts in Richtung See abbiegen und nach rund 100 Metern wieder rechts bis zum Ende des Weges. Von dort geht es nach links am Zaun entlang. Hinter Bäumen versteckt liegt Neu Afrika im Wald.

Bis Afrika sind es von Neu Afrika aus knapp 20 Kilometer. Afrika liegt an der L241 zwischen Temmen und Stegelitz. Und zur Gemeinde Flieth-Stegelitz gehört die vier Häuser zählende Siedlung auch. Nach dem Ende des Zweiten Weltkrieges hatten sich Flüchtlinge im Bereich der „Hessenhagener Mühle" niedergelassen. So hieß der Ort, seit er aufgrund einer Kommunalordnung Mitte des 19. Jahrhunderts nach Hessenhagen kam. Im 18. Jahrhundert fand der Platz als „Altenhof" mehrfach und stets im Zusammenhang mit einer zu Stegelitz gehörenden Mühle Erwähnung.

Als die Mühle abbrannte, nutzten die neuen Siedler u.a. den Schutt für den Bau von provisorischen Unterkünften. Die Familien Botur und Brockhaus gruben sich Löcher in der Erde, bauten diese wie Blockhäuser aus und deckten sie mit einem Erddach ab. Für die zwei Erdhütten fand der Volksmund aufgrund der primitiven Bauweise schnell den Spitznamen Afrika. Als später schmucke Neubauernhäuser entstanden, blieb der Name Afrika und wurde sogar offiziell. Im Ausweis von Hans Gartzke, der 1950 dorthin kam, stand als Adresse „Afrika Nr. 5". Den alten Mühlstein findet man übrigens heute noch als dekoratives Accessoire in einem Garten.

*Die Einfahrt nach „Afrika"*

*Annenwalde*

## Im Glanz der Goldenen Zwanziger

Das alte Glasmacherdorf Annenwalde erlebte in den „Goldenen Zwanzigern" ein Wirtschaftswunder. Der Berliner Papierfabrikant Krause kaufte ein ruinöses Gut und modernisierte es mit dem Stararchitekten Richard Riemerschmid aus München.

„Schreibste mir, schreibste ihr, schreibste auf M.-K.-Papier" war der Werbeslogan der Berliner Papierfirma Max Krause, der von seiner Kreation in den Goldenen Zwanziger Jahren bis in die Zeit des bundesdeutschen Wirtschaftswunders in aller Munde war. 1865 hatte Max Krause sen. (1838–1913) mit dem genialen Einfall, bis dahin einzeln gehandelte Papierbögen und Briefumschläge zusammen in einem Karton anzubieten, nicht nur Briefpapier zu einem Markenartikel gemacht. Er legte auch den Grundstein für ein prosperierendes Unternehmen und ein privates Millionenvermögen.

*Max Krause sen.*

Als der Senior kurz vor Ausbruch des Ersten Weltkrieges starb, zählte sein Betrieb nicht nur 650 Mitarbeiter, sondern auch 18 (!) innerbetriebliche Wohlfahrtseinrichtungen und -organisationen. Dazu gehörten neben einer Pensionskasse, die nach 25-jähriger Betriebszugehörigkeit zahlte, eine Alters- und Invalidenkasse, eine Sterbekasse, eine

Betriebskrankenkasse, eine Betriebssparkasse, ein Konsumverein, eine Werkküche und eine Bücherei.

*Das einstige „Kinderheim" befindet sich im privaten Besitz und verfällt.*

Die Fußspuren, in die Stammhalter Max Krause jr. (1870–1955) als ältestes von acht Geschwistern trat, waren riesig. Doch dem Sohn gelang es, sie auszufüllen. Trotz Krieg und Revolution wurde auch er vom wirtschaftlichen Erfolg verfolgt. „Da es mir wiederstand, Kriegsgewinne zu machen, während andere bluteten, wurden sie anderweitig, in der Pensionskasse und sonst untergebracht. Schließlich bedachten wir eine neu gegründete ‚Max-Krause-Gedächtnisstiftung' damit. Vater war in einem Waisenhause erzogen worden und zu seinem Gedächtnis wollten wir ein Waisenhaus gründen. Im Januar 1917 kauften wir das etwa 1700 Morgen große Gut ‚Annenwalde' bei Templin mit einem sehr schönen, alten reizend im Park gelegenen Herrenhaus. Sofort wurde ein Arbeiter-Erholungsheim dort von uns eingerichtet und ebenso ein Kinderheim, das monatlich wechselnd, 20 bis 30 Kinder aufnahm und bis 1926 bestanden hat. Es hat uns viel Freude bereitet. Dort in Annenwalde sollte auch das Waisenhaus entstehen.

So ging ich mit frohem Mut und ohne Sorgen daran, meine eigene Zukunft aufzubauen. Am 1. Januar 1865 machte ich mich unter der Firma MAX KRAUSE in Berlin selbständig. Als Ziel hatte ich mir schon früher meine heute zur Blüte gelangte Fabrikation, die Papier-Ausstattung gesteckt.

Bei meinen Besuchen der Papierhandlungen und bei dem Beobachten des Verkaufs von Schreib-, namentlich auch von Briefpapier, hatte ich oft bemerkt in welcher dem Aussehen des Papiers gefahrbringenden Weise solches dem Käufer in die Hand gegeben wurde. Hatte der Kunde gewählt, so wurde das Gekaufte in gerolltem Zustande verpackt, was meist ohne Zerknittern nicht

*Die erste Seite einer Werbebroschüre von Firmengründer Max Krause sen.*

Leider ist das in Wertpapieren angelegte Geld der Stiftung durch die Inflation größtenteils verloren gegangen. Den geretteten Rest benutzten wir 1926, um die Pensionskasse neu zu festigen. Es war mir schmerzlich, diesen meinen Lieblingsgedanken, ein Waisenhaus zu errichten, nicht in die Wirklichkeit umsetzen zu können."

Überliefert ist, dass auf dem Gut produzierte landwirtschaftliche Erzeugnisse zur besseren Versorgung der Firmenangestellten nach Berlin gebracht und den Arbeitern verkauft wurden

*Werbeschild für die berühmte Gelbe Serie des M.-K.-Papiers. Die Bild- und Wortmarke wurde erst 2010 vom Patent- und Markenamt gelöscht.*

bzw. direkt in die Werkküche wanderten. Das Gut Annenwalde, so Max Krause in seinen Erinnerungen, war zu Zeiten des Erwerbs sehr heruntergewirtschaftet. „Ich musste nun gründlich Landwirtschaft studieren. Mehrere Male wurde der Verwalter gewechselt, die Felder mussten verbessert, die Häuser verbessert und erweitert werden. Auch Arbeiterhäuser, Geräteschuppen, eine Darranlage und eine Brunnenanlage baute ich, und Park und Herrenhaus wurden modernisiert,

*Max Krause jr.*

nach Zeichnungen des Herrn Prof. Richard Riemerschmid in München."

*Blick auf die von Prof. Riemerschmid angelegten Terrassen hinter dem Gutshaus*

Richard Riemerschmid (1868-1957), der einst in einem Atemzug mit Architektur-Stars wie Walter Gropius, Le Corbusier oder Mies van der Rohe genannt wurde, ist heute fast aus dem öffentlichen Bewusstsein verschwunden. Dabei gehörte er stets zu den Vorreitern. Er plante die erste deutsche Gartenstadt in Hellerau bei Dresden. Er entwarf die ersten maschinell produzierten Typenmöbel – ein Schlafzimmer beispielsweise für 225 Mark, kartonverpackt, eine ganze Wohnung für 570 Mark, und lieferte damit dem schwedischen Ikea-Gründer Ingvar Kamprad 50 Jahre später die Geschäftsidee.

Riemerschmid dürfte sehr wahrscheinlich durch die Vermittlung von Felix Krause (1873-1943) in Kontakt mit dessen älteren Bruder Max gekommen sein. Felix hatte 1892 an der Hochschule für Bildende Künste in Berlin studiert und gehörte freischaffend zur Berliner Sezession.

Doch zurück zu Annenwalde. „Der Viehbestand wurde neu aufgebaut, eine Schafherde neu angeschafft, Straßen und Hof gepflastert, Elektrizität hingebracht, Motorpflug eingestellt, Wald aufgeforstet, Obstgärten gepflanzt, Gemüsezucht und Verkauf eingerichtet, die Fischerei in Ordnung gebracht und vieles andere. Da wir auch dort Arbeiternot hatten, beschaffte ich russische Gefangene, recht schwierige Leute!"

*Der Münchener Prof. Richard Riemerschmid, Direktor der Kunstgewerbeschule, gestaltete in den 1920er-Jahren Annenwalde um.*

Nach dem Krieg übernahm ein jüngerer Bruder von Max und Felix die Verwaltung des Gutes. Max Krause selbst hatte „mehr Freude an dem schönen Annenwalde gehabt und manchen Hirsch, Rehbock oder Hasen dort geschossen […] Auch in Annenwalde und [Berlin]-Steglitz habe ich später versucht, den Gartenarchitekten zu spielen", teilte er mit.

Zum See hin wurden die Terrassen mit Feldsteinmauern gestützt und mit Blumen bepflanzt. Für die oberste Terrasse wurde aus einem mächtigen Granitfindling ein Tisch gehauen und geschliffen, der 1946 leider zerschlagen wurde. Mit dem Verkauf des Gutes 1926 an Willemina Sophia Jäger, Erbin holländischer Zuckerbarone, endete die Krause-Episode in der Dorfgeschichte. Das von Prof. Riemerschmid umgebaute Gutshaus ging 1946 in Flammen auf. In der Schinkelkirche aber hängt seitdem noch ein von ihm entworfener hölzerner Kronleuchter.

*Blick von der Kanzel der Annenwalder Schinkel-Kirche. In der Mitte der von Prof. Riemerschmid entworfene Leuchter.*

*Foto: Wikipedia/Olaf Meister*

Die Postkarte, die u.a. das 1946 abgebrannte Gutshaus zeigt, wurde 1919 verschickt.

## Für König und Vaterland

**1914 begann der Erste Weltkrieg. Von den 106 Männern, die bis 1917 aus dem Schulbezirk Stegelitz eingezogenen wurden, verloren zwei von drei ihr Leben. Gutsbesitzer Georg Gustav von Arnim auf Suckow kostete der Krieg ein Gut.**

„Ahnungsgrauend lag die Stimmung auf dem deutschen Lande. Kaum das man zu atmen wagte im dunklen Gefühl des Nahens der Schicksalsstunde. Jedes laute Geräusch schreckte die Leute auf. Jedes Auto, das durch das Dorf sauste, schien das Verhängnis bringen zu wollen", schrieb in den letzten Julitagen des Jahres 1914 Max Traugott Ferdinand Weitling in die seit 1869 geführte Schulchronik des uckermärkischen Stegelitz. Von 1898 bis 1923 bekleidete er in dem Gutsdorf zwischen Templin und Angermünde die Stellung des 1. Lehrers.

Bis zum 1. Juli 1917 wurden aus dem Einzugsbereich seiner Schule 106 Männer eingezogen, 66 aus Stegelitz, 16 aus Suckow, sieben aus Schifferhof, neun aus Hessenhagen, zwei aus Neuland, vier aus Pfingstberg und zwei aus Charlottenhof. Nicht wenige stürmten als Soldaten enthusiastisch an die Front, wie Weitlings Sohn, Lehrer im benachbarten Steinhöfel: „Mit frohen Herzen zieh ich hinaus in den Kampf mit dem Schlachtruf ‚Mit Gott für König und Vaterland!'." Die Mehrheit glaubte an einen schnellen Sieg. Und tatsächlich bestimmte das kaiserliche Heer am Anfang das Kriegsgeschehen. „Nach dem Siege im August wurden alle Glocken geläutet", notierte Lehrer Weitling in der Schulchronik. In der viertägigen Schlacht bei Tannenberg vom 26. bis 30. August 1914 gewannen die deutschen Truppen gegen eine zahlenmäßig überlegene zaristische Armee. Doch der Blitzkrieg wurde schnell zum Massensterben. Bis zum 1. August 1917 fielen von den 106 Eingezogenen 35, bis Kriegsende weitere 25. Nur jeder Dritte kehrte von der Front zurück. Und beileibe waren nicht alle unversehrt. Zehn Verwundete sind in der Schulchronik namentlich genannt.

Mehr Glück als die einfachen Landser aus seiner Nachbarschaft hatte der 47-jährige Besitzer von Suckow, dem auch die Güter in Stegelitz, Fergitz, Hessenhagen, Voßberg und Pfingstberg sowie Groß Kölpin mit Luisenhof gehörten. 1913 zum königlich-preußischen Kammerherrn ernannt, zog Georg Gustav von Arnim mit Kriegsbeginn als Rittmeister der Reserve an der Spitze einer Fuhrpark-Kolonne über Belgien nach Nordfrankreich. Dort versetzte man ihn um die Jahreswende 1914/15 aus „Gesundheitsgründen" in die Etappe. In sicherer Entfernung zum Kampfgeschehen wurde er Kommandant der im 16. Jahrhundert errichteten Festung Le Quesnoy. Aufgrund „von Venenbeschwerden, die sich durch lange Tage im Sattel verschlimmerten", konnte er, zum Major befördert und mit dem Eisernen Kreuz ausgezeichnet, ein Jahr vor Kriegsende seinen Abschied nehmen.

Während des Kriegseinsatzes des Suckower Kammerherrn kümmerte sich seine Frau daheim um die Güter und Forsten. „Sie widmete sich dieser Ausgabe mit großer Energie und viel Geschick", erinnerte sich beider Sohn und notierte weiter: „Gleichzeitig galt es, die Stimmung unter den ihr anvertrauten und in den Dörfern hoch zu halten, Not fern zu halten und Trauer um Verluste zu lindern. Diese soziale und vaterländische Arbeit lag ihr mindestens ebenso am Herzen wie die auf den Besitz beschränkte Verantwortung. Selten erlosch das Licht auf ihrem Schreibtisch vor Mitternacht."

Die Aufzeichnungen des 1908 geborenen jüngsten Suckower Sprosses erwähnen aber mit keinem Wort den Einsatz von Kriegsgefangenen auf den Arnimschen Besitzungen. Dabei waren 1915 die ersten Russen nach Stegelitz gekommen und auch auf dem Gut in Suckow schufteten 15 von ihnen. Georg Wilhelm von Arnim betonte vielmehr den Einsatz seiner älteren Schwestern Maximiliane und Alice. Letzterer war „die Aufsicht über die wenigen verbliebenen Kutschpferde anvertraut, die sie mangels Kutscher auch oft vom Bock aus fuhr. Sie unterstützte die Mutter im Besonderen auch bei der Gemeinde- und Sozialarbeit."

Das Gut Suckow nach dem Ende des 1. Weltkriegs auf einer Luftbildpostkarte um 1920.

Wie oft mag Georg Gustav von Arnim sich in Frankreich an das Kaisermanöver 1911 erinnert haben? In der Rue des Lombards von Le Quesnoy, deren Festung ihm unterstand, befand sich auch das Quartier der kaiserlichen Flieger des 2. Armeekorps. Als 1911 das Manöver in der Uckermark und Teilen Mecklenburgs stattfand, waren neben den Bodentruppen erstmals Flugzeuge eingesetzt worden. Damals bestand die komplette preußische Luftwaffe aus ganzen 18 Maschinen, darunter acht Albatros und sechs Rumpler Tauben. Letztere dienten vor allem als Aufklärer. 1911 hatte der Kronprinz mit seiner Entourage auf Suckow geschlafen. Der Kaiser war mit seinem Gefolge im imposanteren Schloss seines Boitzenburger Vetters untergebracht.

Die Monate vor dem Manöver hatte Georg Gustav genutzt, sein Suckower Schloss auf den hohen Besuch vorzubereiten. Da die Planungen für die Kaisermanöver ein bis zwei Jahre im Voraus erfolgten, hatte er ausreichend Zeit. In Suckow wurden Wasserleitungen vom See bis ins Schloss, die Orangerie und das Brauhaus gelegt, wobei man die Leitungen zu den beiden Nebengebäuden aber nur bis ins Erdgeschoss führte.

In der Orangerie, das hatte ihm seine Frau Hulda geschrieben, wurde nach Kriegsbeginn Theater gespielt, „um den allein gebliebenen Frauen Abwechslung zu verschaffen". Eine einfache hölzerne Bühne und ein aufziehbarer Vorhang waren installiert worden. Der Heizungsraum, der seitlich durch eine Tür zu erreichen war, diente als Garderobe. „Eine zur Hausfreundin gewordene Klavierlehrerin aus Berlin, Fräulein Kern, bewährte sich als Produkteur, Regisseur und Orchester, d.h. durch Begleitung am Klavier." Bald aber gab es aufgrund fehlenden Petroleums Probleme mit der Beleuchtung. Der Literpreis war in den ersten Kriegsmonaten von 23 auf 65 bis 70 Pfennig gestiegen. In Suckow, wo man sich mit Kerzen behalf, wäre das nicht das Problem gewesen. Aber Petroleum wurde zugeteilt, und oft gab es selbst den vorgesehenen halben Liter pro Familie nicht.

*Der Kaiser mit seinem Gefolge beobachtet 1911 beim Manöver in der Uckermark das Ringen der Roten mit der Blauen Gruppe.*

*Feldbäckerei während des Kaisermanövers 1911 bei Prenzlau*
*Foto: Bundesarchiv*

Überhaupt hatten die Menschen an der „Heimatfront" enorm unter den kriegsbedingten Einschränkungen und Teuerungen zu leiden. Pro Woche gab es pro Person vier Pfund Brot und ein gewisses Quantum Mehl, ab April 1917 drei Pfund. Für ein Pfund Weizenstärke, das vor dem Krieg 40 Pfennig gekostet hatte, wurden zu dem Zeitpunkt vier Mark verlangt.

Nach Kriegsende musste Georg Gustav von Arnim auf Suckow bis 1921/22 weiter auf das vor dem Krieg gekaufte Auto verzichten und die Kutsche nutzen bzw. für Fahrten nach Prenzlau sich mit der Bahn begnügen. Darüber hinaus musste er sich in dieser Zeit vom Gut Groß Kölpin einschließlich des Vorwerks Luisenhof trennen und rund 500 Hektar an die Deutsche Ansiedlungsbank verkaufen, um mit dem Geld die anderen Güter wieder auf Vordermann zu bringen, sein Schloss, die Betriebe und die Wohnungen seiner Gutsarbeiter zu elektrifizieren. Für mehr reichte der Verkaufserlös nicht. Die Inflation fraß das Geld schneller, als er es investieren konnte.

Georg Gustav von Arnim starb am 28. August 1945 in Suckow. Sein Schloss war vor der Ankunft der Roten Armee bereits in Flammen aufgegangen.

Vom Jahreswechsel 1914/15 bis 1917 war Georg Gustav von Arnim aus Suckow Kommandeur der besetzten französischen Festung Le Quesnoy.

Fotos: Heider/Europeana

*Willmine*

## Belgisches Todesurteil

Beide sind Söhne des gleichen Dorfes. Beide lebten im Willminer Gutshaus. Beide waren während des Ersten Weltkrieges in Belgien. Der eine wird nach dem Ende des Völkermordens angeklagt, der andere kümmert sich in der Hauptstelle für die Verteidigung Deutscher vor feindlichen Gerichten um solche Fälle.

Nur Sekunden braucht es mit dem Auto, den kleinen Ort zu erkunden. Es führt nur eine Hauptstraße durch das uckermärkische 60-Seelen-Dorf. Es ist die L 242, die, von Gerswalde kommend, zur L 241 führt, auf der man ohne weitere Umwege Templin erreicht.

Gleich drei bemerkenswerte Männer sind in die noch nicht einmal 250-jährige Dorfgeschichte eingegangen. Gutsbesitzer Ludwig Gustav von Arnim (1860–1936) war von 1899 bis 1920 der Landrat des Kreises Templin, die Nummer acht in der bis 1945 neun Namen umfassenden Amtsträgerreihe. Sein in Willmine geborener Sohn Hans-Ludwig (1889–1971) wirkte von 1945 bis 1960 als Präsident des Konsistoriums zu Berlin der altpreußischen Kirchenprovinz Brandenburg bzw. ab 1948 der Evangelischen Kirche in Berlin-Brandenburg. Er war Mitglied des CDU-Gründungsausschusses.

Wäre der promovierte Jurist, der von 1915 bis 1918 in der deutschen Verwaltung des okkupierten Belgiens tätig war, 1920 nicht in das Reichsministerium für Wiederaufbau gewechselt, hätte er es als Regierungsassistent in der Hauptstelle zur Verteidigung Deutscher vor feindlichen Gerichten, bei der er 1919 wirkte, sicher mit dem Fall des 1856 in Willmine geborenen Generals der Infanterie a.D. Prof. Max Ferdinand von Bahrfeldt zu

*General der Infanterie Max von Bahrfeldt 1919*

tun bekommen. Auf einer dem deutschen Reichskanzler 1920 überreichten Auslieferungsliste der Belgier stand dessen Name an 10. Stelle. Ihm wurden im August 1914 begangene Kriegsverbrechen vorgeworfen. Während das Reichsgericht in Leipzig von Bahrfeldt 1923 wegen „völliger Haltlosigkeit" der Anschuldigungen freisprach und das Verfahren einstellte, verurteilte ihn zwei Jahre später ein belgisches Kriegsgericht in Mons in Abwesenheit wegen 29-fachen Mordes, Brandstiftung und Diebstahl zum Tod. Das entnahm der inzwischen in Halle an der Saale lebende Verurteilte der „Halleschen Volkszeitung" vom 10. Oktober 1925, die sich auf eine Rotterdamer Zeitung bezog.

Die Hauptstelle zur Verteidigung Deutscher vor feindlichen Gerichten war im Berliner Kriegsministerium eingerichtet.

Foto: Bundesarchiv

*Parade mit dem deutschen Kaiser nach der Einnahme von Charleroi durch die Division Max von Bahrfeldts*

Was war 1914 geschehen?

Generalleutnant [von] Bahrfeldt, 1913 anlässlich des 25-jährigen Thronjubiläums Kaiser Wilhelms II. in den erblichen Adelsstand erhoben und nach 44 Dienstjahren pensioniert, war zu Kriegsbeginn reaktiviert worden. Am 2. August übernahm er das Kommando der 19. Reserve-Division des 10. Reserve-Korps Hannover, das der 2. Armee unterstellt war. Am 14. August überschritt die 2. Armee die Grenze zum neutralen Belgien. Am 22. August sollte sie vor dem Eintreffen stärkerer französischer Kräfte den Cambre-Abschnitt überwinden. Von Bahrfeldt: „Als Marschziel war meiner Division die Stadt Charleroi angewiesen, der Hauptsitz der belgischen Industrie. Mit seiner Umgebung ähnelt er den großen Industrieorten Westfalens, nur ist Charleroi ungleich schmutziger. Die untere Arbeiterbevölkerung ist ein Gemisch aus Wallonen, Vlamen, Deutschen und fremdstämmigen Einwanderern, beinflußt durch die niedere katholische Geistlichkeit, verkommen infolge des Mangels jeglicher sozialer Fürsorge, dem Alkohol verfallen und infolgedessen verkümmert, der Wallone leicht erregbar, hinterlistig, ein gefährlicher Feind im Rücken der Armee. Daß diese Charakteristik zutrifft, zeigt die Aussage des Leutnants d.R. v. K., der fünf im Häuserkampf ergriffene Kerle so schildert: Die Leute, die auf uns geschossen hatten, machten einen geradezu tierischen Eindruck, zerlumpt, heruntergekommen, wutverzerrt. Das genügt wohl."

Beim Einmarsch in Charleroi entbrannte ein heftiger Kampf. Die Deutschen wurden von Dächern, aus Fenstern und Kellerlöchern beschossen. „Häuser, aus denen geschossen wurde, verfielen der Vernichtung, sie gingen in Flammen auf. Zivilpersonen, die mit der Waffe in der Hand betroffen, wurden erschossen. Dabei hat manchen Unschuldigen zweifellos dasselbe Los getroffen, denn der erbitterte Straßenkampf peitschte die Leidenschaften auf."

Nach der Übergabe der Stadt hatte die Einwohnerschaft auf Befehl von Bahrfeldts eine Strafe von 10 Millionen Franken zu zahlen und 160 Gespanne voller Lebensmittel und Bedarfsartikel aller Art zu stellen.

1915 wurde Max von Bahrfeldt zum General der Infanterie befördert. In dem Zusammenhang übernahm er die 10. Reservedivision, die er bis zu seiner Verabschiedung im April 1916 beim Angriff auf Verdun befehligte.

Bis zu seinem Tod weigerte sich Max von Bahrfeldt, seit 1911 Ehrendoktor der Philosophischen Fakultät der Universität Gießen und seit 1921 Honorarprofessor für Münzkunde an der Universität in Halle, die Vorfälle von 1914 unter dem Aspekt des Artikels 2 der Haager Landkriegsordnung zu überdenken, der u.a. den Schutz der Bevölkerung in nicht besetzten Gebieten regelt. „Ich habe weder einen Einwohner erschossen noch auch Häuser in Brand gesteckt. Die wider alles Völkerrecht und mit der Waffe in der Hand uns entgegengetretenen Banditen sind erschossen worden und haben nur ihren gerechten Lohn erhalten. Die von den Freischützen besetzten Häuser, aus denen geschossen war, sind in Brand gesetzt worden." Max von Bahrfeldt war sich keiner Schuld bewusst und lehnte die Übernahme von Verantwortung, die er als kommandierender General zweifelsfrei hatte, ab. „Wo sind nun nach den vorstehenden Schilderungen meine Verbrechen, die ich begangen haben soll und wegen derer ich zum Tode verurteilt worden bin?"

Nach dem Machtantritt der Nationalsozialisten gehörte der greise General a.D., vom Stahlhelm übernommen, zur SA-Reserve.

An Max von Bahrfeldt erinnernde Spuren sind in seinem uckermärkischen Geburtsort nicht mehr zu finden. Das Gutshaus, in dem er zur Welt kam, „ein einfaches, nicht zu großes einstöckiges Haus, […] das hübsche Räume gehabt haben muss" und hinter dem ein sehr hübscher Garten lag, wurde nach dem Auszug der Gutspächterfamilie Bahrfeldt 1857 zu einem Kutschstall umgebaut und viel später abgerissen. An seiner Stelle entstand dafür das heute noch existierende Gutshaus, Geburtsort von Dr. jur. Hans-Ludwig von Arnim, dem sicher der Verlauf der Geschichte nach seinem Tod, zumindest in dem Teil

*Im Willminer Gutshaus lebten Max von Bahrfeldt und Dr. jur. Hans-Ludwig von Arnim.*

*Das 1734/35 u.a. für das Berliner Kammergericht erbaute Kollegienhaus beherbergte ab 1913 das Konsistorium der Evangelischen Kirche in Berlin-Brandenburg. Heute ist es Teil des Jüdischen Museums.*

der Nachnutzung seines einstigen Amtssitzes, nicht gefallen hätte. Der konservative Kirchenpolitiker, der während des Ersten Weltkrieges von 1915 bis 1918 in der deutschen Zivilverwaltung in Belgien arbeitete, reflektierte die Zeit von 1914 bis 1918 anders als von Bahrfeldt. Er engagierte sich von 1933 bis 1945 in der Bekennenden Kirche und wurde deshalb 1938 seines Postens in der Kirchenverwaltung amtsenthoben. Als unbelasteter Experte 1945 zum Präsident des Konsistoriums gewählt, residierte der Amtsträger bis 1960 im ehemaligen Kollegienhaus in Berlin. Nach Auszug der Kirchenverwaltung aus dem Barockbau durch das Berlin Museum genutzt, ging sein früherer Dienstsitz genau 30 Jahre nach seinem Tod an das Jüdische Museum. Während seiner kirchlichen Amtsträgerschaft bemühte er sich als stellvertretender Vorsitzender der evangelischen Judenmission auch, Juden zum Glauben an Jesus Christus, das heißt an die Messiaswürde und Gottessohnschaft Jesu, zu bringen. Die Evangelische Kirche in Berlin-Brandenburg beschloss erst 1990 eine ausdrückliche Abkehr von der als antisemitisch gewerteten Judenmission, die sich zum Ziel setzte, den jüdischen Glauben aufzugeben und damit das Judentum aufzuheben.

*Auf einem Schlachtfeld in Flandern 1917*

*Wolfshagen*

# Als Eisenzahn die Faule Grete sprechen ließ

**Im Kampf zur Durchsetzung der landesherrlichen Gewalt gegenüber dem Adel ließ Markgraf und Kurfürst Friedrich II. von Brandenburg 1456 die Blankenburg in Wolfshagen belagern und stürmen.**

Achim, Otto und Albrecht von Blankenburg, Lehnsmänner des Markgrafen und Kurfürsten von Brandenburg, müssen schlimme Finger gewesen sein. 1456 war das Fass ihrer Schandtaten so voll, dass es überlief. Sie fielen bei ihrem Landesherrn in höchste Ungnade. Der Hohenzoller Friedrich II. (1413–1471), auch „Eisenzahn" genannt, war so von den privaten Fehden, Räubereien und Friedensstörungen der Brüder genervt, dass er ihre Burg in Wolfshagen belagerte und eroberte. Das strategische Bedeutung besitzende „castrum wolveshaghen" war um 1250 durch die Familie von Raben an der Grenze

*Um 1250 wurde die Burg Wolfshagen an der Grenze zwischen Mecklenburg und Brandenburg errichtet.*

zwischen Mecklenburg und Brandenburg erbaut worden und 1326 in den Lehnsbesitz von Friedrich und Heinrich von Blankenburg gekommen, Angehörige eines wohl ursprünglich pommerschen Adelsgeschlechtes, das sich nach seinem Stammsitz bei Prenzlau benannt haben soll.

Die Belagerung der „veste blankenborg" muss ein gewaltiges Hauen und Stechen gewesen sein, denn als 1983 der die heutige Ruine umgebende Burggraben um einen Meter tiefer gelegt wurde, fand man nicht nur eine große Menge von Lederschuhteilen und eine große Kollektion von Keramik sowie Waffen, sondern auch zwei steinerne Kanonenkugeln. Die deuten darauf hin, dass die Festung nicht einfach übergeben wurde, wie es in einer Urkunde heißt, sondern nach allen Regeln der Kriegskunst belagert wurde. Dabei muss Friedrich II. Eisenzahn auch als Mauerbrecher bekannte Steinbüchsen zum Einsatz gebracht haben. Solche Belagerungsgeschütze waren so teuer, dass nicht jede Armee welche besaß, man sie untereinander verlieh und oftmals ihr Aufstellen Drohung genug war. Viele Verteidiger kapitulierten, ohne dass ein Schuss abgefeuert wurde. Wurde jedoch geschossen, dann war das für die Geschützmannschaften gefährlich, weil viele Rohre explodierten. Dazu war das Abfeuern auch mit jeder Menge Arbeit verbunden. Die Steinkugeln waren nicht hundertprozentig rund. Sie mussten mit Keilen und Lehm im Rohr ausgerichtet werden, so dass sie möglichst zielgenau flogen. Maximal drei Schuss konnten zur Mitte des 15. Jahrhunderts so

*Markgraf und Kurfürst Friedrich II. von Brandenburg*

pro Tag abgefeuert werden, weshalb große Belagerungsgeschütze Namen wie „Faule Mette" oder „Faule Grete" erhielten. Mit der geliehenen Grete, 1160 Ochsen teuer, hatte bereits „Eisenzahns" Vater, Kurfürst Friedrich I., 1417 die Raubritterfamilie Quitzow zur Vernunft gebracht.

*Der Einsatz der „Faulen Grete" bei der Beschießung der Burg Friesack 1414. Gemälde von Hedwig Bode um 1950.*

Der Sieg des Landesherrn in Wolfshagen hatte für die drei Blankenburg-Brüder keine gravierenden Auswirkungen. Weder wurden sie in Ketten gelegt noch nahm ihnen der Kurfürst ihren Besitz. Verschiedene Freunde und einige Städte, darunter Prenzlau, Templin, Lychen und Angermünde, sollen sich für eine Wiederbelehnung der Blankenburgs mit Wolfshagen eingesetzt haben. Allerdings mussten die sich am 9. August 1456 in Cölln an der Spree vor zahlreichen Zeugen verpflichten, allezeit bei Brandenburg zu bleiben, von der Burg keine Fehden anzufangen oder Raubtaten zu verüben und ihr Haus für den Kurfürsten offen zu halten, der die Festung auch für seine Kriege nutzen konnte.

Mit einem blauen Auge davongekommen, müssen sich die

Ritter an das Versprechen gehalten haben, denn Wolfshagen kam erst mit dem Tod Georgs von Blankenburgs nach dem Dreißigjährigen Krieg in die Hände anderer Eigentümer.

Über die Jahrzehnte vor der Eroberung durch Markgraf und Kurfürst Friedrich II. bezeugen Urkunden das kriegerische Verhalten der Blankenburgs. Am 25. Februar 1384 beendete ein Friedensvertrag zwischen dem Rat der Stadt Prenzlau sowie Has(s)e von Blankenburg und Hans von Klützow, beide Burgherren in Wolfshagen, eine Fehde.

1392 müssen Has(s)e, Albrecht, Friedrich und Hermann von Blankenburg sowie Hans und Sievert von Klützow als Mitbesitzer von Wolfshagen in Fehde mit mächtigen Nachbarn geraten sein. Eine in diesem Jahr unterzeichnete Landfriedensvereinbarung zwischen Huner von Königsmark, Landdeshauptmann der Altmark, der im Auftrag des Kurfürsten handelte, und Fürst Lorenz von Werle zu Güstrow, schließt ausdrücklich das Land zu Wolfshagen ein.

1393 gehen die rauflustigen Spießgesellen einen Separatfrieden mit Rudolf von Mecklenburg-Stargard, dem Bischof von Schwerin, sowie den Herzögen Johann und Ulrich zu Mecklenburg-Stargard ein. Vertraglich verpflichten sie sich, niemals mehr ohne ihren brandenburgischen Landesherrn Feinde der Mecklenburger zu werden.

1326 hatten sich Heinrich und Friedrich von Blankenburg mit ihrer Burg noch in den Schutz und den Dienst des Fürsten Heinrich II. zu Mecklenburg gestellt und zugesichert, sich an deren Händeln in der Regel mit drei bewaffneten Reitern, in Ausnahmen mit zehn bewaffneten Reitern, zu beteiligen. Eine solche Ausnahme war ein Krieg gegen Brandenburg. Gedient werden sollte in diesem Fall so lange, bis der Mecklenburger seine ihm von der Mark zugesicherte Kriegsentschädigung erhalten hätte. Vereinbart war neben der Sicherstellung des Wolfshagener Besitzes ein Dienstgeld von 250 Mark Silber. Das war nicht mehr oder weniger als eine Schatztruhe voller Silber mit einem Gewicht von mehr als 120 Kilogramm.

Die 1456 ausgestellte brandenburgische Urkunde, die die Unterwerfung der Wolfhagener Burgherren belegt, spricht von Räubereien und Friedensstörungen. War die Blankenburg demzufolge ein Raubritternest?

Die Antwort ist ein klares „Jein". Natürlich haben die Blankenburgs ihr festes Schloss – die erhaltenen Mauerreste des Bergfrieds sind bis zu vier Meter dick – als Ausgangspunkt für Überfälle und das Ausplündern gegnerischer Ländereien benutzt. Und mit Sicherheit haben sie auch Kaufleute geworfen und Handelszüge überfallen. Doch der im 18. Jahrhundert geprägte Begriff des Raubritters lässt sich nicht deutlich von dem des (normalen) Ritters abgrenzen.

Fehden und Privatkriege waren Teil der ritterschaftlichen Lebensweise. Im Mittelalter setzte man auf das Recht des Stärkeren und nahm es selbst in die Hand. Über Jahrhunderte war

*Die alte Burgruine von Wolfshagen und das am anderen Seeufer später errichtete Schloss auf einer um 1860 entstandenen Lithografie der Sammlung Duncker*

*Der Bergfried war an die 24 Meter hoch, seine Mauern bis zu vier Meter dick.*

das Fehderecht der waffenberechtigten Bevölkerung sogar rechtlich zugesichert. Als aber in der Kirche aufgrund der zunehmenden Zahl der privaten Händel des Adels mehr und mehr die Angst um den eigenen Besitz wuchs, versuchte sie zuerst allein das Fehderecht durch so genannte Gottesfrieden bzw. Waffenruhen Gottes einzudämmen. Sie verkündete territorial abgegrenzte Beschlüsse und drohte bei Verletzung mit Strafen wie der Exkommunikation. In späterer Zeit verbündete sich der Klerus mit dem Hochadel und umgekehrt. So wurde der geistliche Friede für das deutsche Kaisertum ein Mittel, die Reichsgebiete sicherer zu beherrschen. Kaiser Barbarossa beispielsweise schränkte um 1150 die zeitliche Zulässigkeit der rechtlich als legitim geltenden Fehden auf die Tage Montag bis Mittwoch ein. Landfriedensbeschlüsse gab es später einerseits für das gesamte Reich, andererseits auch für einzelne Territorien. Teilweise verkündete sie der Kaiser. Karl IV. erließ zum Beispiel 1374 gleich zwei für die Mark Brandenburg. Teilweise verfügte sie auch der Landesherr für sein Herrschaftsgebiet. Das hing aber von seiner eigenen Stärke bzw. von seinen Machtansprüchen ab.

In der Mark Brandenburg, wo sich unter den schwachen Markgrafen und späteren Kurfürsten aus den Häusern Wittelsbach und Luxemburg zwischen 1323 und 1373 keine Zentralgewalt entfalten konnte, folgten eigene Landfriedensbemühungen erst in den Generationen der 1415 als Kurfürsten an die Macht gekommenen Hohenzollern. Die Belagerung und der Sturm der Blankenburg in Wolfshagen 1456 durch Markgraf und Kurfürst Friedrich II. ist ein Beispiel für die Durchsetzung der landesherrlichen Gewalt gegenüber dem Adel.

## Die Gedächtniskirche

**Deutschlands zweite Gedächtniskirche, ein deutsch-polnisches Dokumentations- und Kommunikationszentrum, sticht wie eine scharfe Stahlfeder in die Wunden von Krieg und Vertreibung.**

Die Berliner haben Deutschlands erste Gedächtniskirche zwischen Ku'damm, Tauentzien- und Budapester Straße in Charlottenburg der ungewöhnlichen Architektur wegen schlichtweg „Hohler Zahn" getauft. Mit Sicherheit würde ihre sprichwörtliche Kotterschnauze der anderen Gedächtniskirche Deutschlands auch einen passenden Spitznamen verleihen. Vielleicht hieße sie „Langer Stachel". Mit ihrem in den Himmel ragenden Turm sticht sie wie eine scharfe Stahlfeder tief in die Wunden von Krieg und Vertreibung und mahnt so die Generationen der Zeit und folgende.

Die vor 117 Jahren fertiggestellte hauptstädtische Schwester, die auf ein Programm des Evangelischen Kirchenbauvereins zurückgeht und von Kaiser Wilhelm II. um die Facette einer Gedenkstätte für Wilhelm I. erweitert wurde, ist spätestens seit 1961 ein Kriegsmahnmal. Anders verhält es sich mit der Gedächtniskirche des heute uckermärkischen Rosow. Sie gibt es in der Form erst seit 2007. Die Region beiderseits der Oder teilt die gleiche Geschichte, auch wenn man auf der westlichen Seite Deutsch und der östlichen Seite Polnisch spricht.

Rosow liegt durch Zufall seit 1945 nicht in Polen. Über Jahrhunderte war es ein Spielball der (Verwaltungs-)Macht. Es ist ein 150-Seelen-Dorf der Gemeinde Mescherin im (vor-)pommerschen Uckermark-Amt Gartz in Brandenburg. 1479 wurde es im „Vertrag von Prenzlau" der Mark Brandenburg zugeordnet.

*Blick auf Kirche und Schule Rosow 1918. Der barocke Kirchturm prägt das Bild.*

Bis zur Reformation gehörte das 1243 als Rosowa erwähnte Dorf dem Jungfrauenkloster Stettin. Danach wurde es landesherrlich und gehörte nach Gründung des preußischen Königreiches zur Provinz Pommern. Im Zuge der Neugliederung des Landes nach dem Wiener Kongress kam es 1818 zum Landkreis Randow, der bis 1939 bestand. Danach war es bis 1945 Teil des Landkreises Greifenhagen. Nach Kriegsende gehörte es zum neu gebildeten Landkreis Randow, der 1950 in die Kreise Angermünde, Pasewalk und Prenzlau aufgeteilt wurde. Rosow kam nach Angermünde und wurde 1993 beim Zusammenschluss der Landkreises Angermünde, Prenzlau und Templin uckermärkisch.

Nachdem es ein halbes Jahrhundert am, wie man sagt, A…. der Welt gelegen hatte, wurde Rosow zumindest bei den Kraftfahrern ein Begriff. Auf der B 2 öffnete der Grenzübergang zu Polen und stellte die alte Straßenverbindung nach Stettin wieder her. Von Rosow bis zum Amtssitz nach Gartz sind es 11 Kilome-

*Wie ein scharfer Stachel ragt die 42 Meter hohe Stahlkonstruktion des modernen Kirchturms in den Himmel.*

ter, nach Schwedt 33 und nach Prenzlau 51. Der Stadtrand der polnischen Metropole ist in 13 Kilometern erreicht, das Zentrum in 21.

So wie sich in Rosow nach Kriegsende zahlreiche Flüchtlinge und Vertriebene aus Hinterpommern und Preußen niedergelassen haben, geschah es jenseits der Oder. Nur wurden dort durch die Nachkriegsordnung vertriebene Ostpolen bzw. Menschen aus dem Baltikum ansässig. Der zur Grenze gewordene Fluss wurde trotz DDR-Propaganda kein blaues Band, das Völker verband. Deutsche und Polen blieben, von den kommunistischen Führungen der sogenannten Bruderländer gewollt, unter sich und getrennt, obwohl viele das gleiche Schicksal verband.

Als sich 1995 an der B 2 der Schlagbaum hob und einige Jahre später klar wurde, dass Polen ab 2004 zur EU gehören wird, rief Rosows ehrenamtlicher Bürgermeister Karl Lau, im Dezember 2006 vom Bundespräsident mit dem Verdienstkreuz am Bande ausgezeichnet, den Förderverein Gedächtniskirche Rosow ins Leben. Das Gotteshaus war in den letzten Kriegstagen 1945 völlig ausgebrannt, der ehemals höchste Kirchturm der Region bis auf den Turmstumpf abgetragen und die gesamte Innenausstattung vernichtet. In den 1950er-Jahren war zumindest das Kirchenschiff mit den bescheidenen Mitteln wiederhergestellt worden, doch eine neu eingebaute Orgel versagte schon nach kurzer Zeit wegen eindringender Feuchtigkeit den Dienst.

Mit einer modernen Orgel versehen wurde die Kirche dann im Jahre 2002 wieder eingeweiht. Doch der Kirchenälteste Karl Lau wünschte sich mehr Zukunft für die Kirche einer kleiner werdenden Gemeinde. Er sah das vom Krieg gezeichnete Gotteshaus auch als Gedenkstätte für Flucht, Vertreibung und Neuanfang, als zwei Nationen verbindende Begegnungsstätte und mit Hilfe der Kommunalgemeinschaft Pomerania e.V. begann 2006 eine umfangreiche Sanierung der Kirche. Ein Jahr später fand am 6. Juni die feierliche Einweihung der Gedächtniskirche statt, und sechs Monate darauf fielen am Schlagbaum die Grenzkontrollen fort. Seitdem die Menschen ohne an der Staatsgrenze zu stoppen einander besuchen können, ragt die 42 Meter hohe Stahlkonstruktion, die dem alten barocken Turmaufsatz nachempfunden wurde, als Zeichen der Versöhnung in den Himmel. Der Kirchturm erhielt seine äußere Form als modernes Stahlkleid zurück und weist mit der installierten Photovoltaikanlage in die Zukunft. Die Kirche selbst bietet neben Ausstellungs- und Veranstaltungsmöglichkeiten auch weiterhin die Möglichkeit für gottesdienstliche Feiern der kleinen Rosower Kirchengemeinde, während im Turm eine Ausstellung an Flucht, Vertreibung und Neuanfang erinnert. Dabei wird der Blick auf die Geschehnisse aus der Sicht der Betroffenen dargestellt.

Diese Gedenkstätte veranschaulicht die geschichtlichen Abläufe, die sich hier besonders konzentriert am Kriegsende abgespielt haben. Durch den zeitlichen Abstand von über 65 Jahren ergibt sich eine besondere Aufgabe, nämlich die Geschichte gerade für die jüngeren Generationen nachfühlbar aufzuarbeiten und darzustellen. Zum Rosower Gedächtniskirchenkonzept gehört auch, dass sowohl Deutsche wie auch Polen ihre zwangsweise Entwurzelung darstellen können. Das macht die uckermärkische Gedächtniskirche einzigartig und erhebt sie über die Funktion als Mahnmal hinaus zu einem deutsch-polnischen Dokumentations- und Kommunikationszentrum.

*Das barocke Eingangsportal am Kirchenschiff erinnert an die 1746 erfolgte Umgestaltung der vor der Reformation zum Besitz des Stettiner Zisterzienserklosters gehörenden Kirche.*

*2002 hat der Förderverein Gedächtniskirche mit der Ausstellung der Gedenkstele den sichtbaren Startschuss für sein Projekt gegeben.*

## Gerswalde

## Kinderreiches Kinderreich

**Auf 20 Kinder brachte es Otto von Arnim, der Erbauer des Schlosses von Gerswalde. Heute bietet das ab 1927 als Kinderheim und später als Jugendwerkhof genutzte Herrenhaus benachteiligten Mädchen und Jungen in einem Jugendheim Lebenshilfe und ein neues Zuhause.**

Mit Kindern war das Gerswalder Schloss schon immer reich gesegnet. Sein Erbauer, der 1682 geborene Otto von Arnim, der es 1724 errichten ließ, besaß derer 20. Erst hatte er Sophia Salomé von Eickstedt geheiratet, die am 15. April 1724, wohl noch vor dem Umzug aus der Burg in das neue Haus, nach der Geburt einer Tochter im Kindbett starb. Dann ehelichte er die 17-jährige Anna Louise von Arnim aus dem Haus Groß Fredenwalde, mit der er, wie mit der ersten Frau, zehn Kinder zeugte.

*Schloss Gerswalde wurde 1724 im Auftrag Otto von Arnims erbaut.*

Etwas mehr als 100 Jahre später, nämlich 1832, wurde das Schloss unter Friedrich Wilhelm Karl von Arnim (1786–1852), der von 1817 bis 1830 erster Landrat des Kreises Templin und 1831 für ein knappes Jahr Polizeipräsident von Berlin war, umgebaut. Er war es auch, der der alten Burgruine seine Aufmerksamkeit schenkte und sie in Teilen, der Mode der Zeit folgend, neogotisch gestaltete und teilweise nutzbar machte.

Als die Gerswalder Arnims schuldenhalber ihren Besitz 1926 aufgeben mussten, gelangte das Haus nach komplizierten und lange währenden Verhandlungen 1929 in die Hände des Heilpädagogen Franz Löffler, der aus einer begüterten deutschen Bauernfamilie des Banat stammte, in Wien Malerei studierte und im Ersten Weltkrieg als Freiwilliger bei den Honvéd-Husaren diente. 1917 in russische Gefangenschaft geraten, erlebte er 1919 in Moskau den Ersten Kongress der Kommunistischen Internationale. In seine Heimat zurückgekehrt, wurde er vom neuen rumänischen Regime ausgewiesen und für staatenlos erklärt. In Jena gelang es ihm, Philosophie, Pädagogik und Psychologie zu studieren, danach als Werklehrer und Erzieher Anstellung zu finden.

In Gerswalde baute Franz Löffler, seit 1925 verheiratet, ein „Heil- und Erziehungsinstitut für seelenpflege-bedürftige Kinder und Jugendliche" in der Rechtsform eines eingetragenen Vereins auf. „Auch der größte Teil der Schlossgärtnerei sowie der Gerswalder Haussee wurden vom Erziehungsheim übernommen", schrieb Pastor Ulrich Reichardt 1942 in der Pfarrchronik und bemerkte darüber hinaus: „Das Erziehungsheim bildet gleichsam eine Gemeinde für sich, der anthroposophische Einfluss der Erzieher ist über seine Mauern nicht hinausgegangen, da man dort in jeder Weise zurückhaltend ist." Der Pastor vermerkte, dass sich im Heim durchweg nur geistig schwache Kinder, vorwiegend aus gebildeten, zum Teil adeligen Kreisen befinden würden, und zwar aus ganz Deutschland. „Die Zöglinge werden über das 14. Jahr hier bleiben, in der Gärtnerei oder Tischlerei im Heim beschäftigt."

In einem Schreiben vom 12. August 1934 an das Gauamt Kurmark der NS-Wohlfahrt betonte der Leiter des Heimes, Franz Löffler, dass man Zöglinge habe, die sehr viel bezahlen müssten, aber auch Zöglinge, die man von der Straße aufgelesen habe, die nichts zu zahlen hätten. Über 60 Plätze verfügte das Heim, das Arbeitgeber für rund 50 Personen war und in dem sich während der Zeit der Nationalsozialismus auch abgemeldete Juden befanden. Das Schreiben Löfflers war die Antwort auf die Aufforderung des Gauamtes, das Heim in den NS-Wohlfahrtsverband einzugliedern. Ihm gelang es, eine Gleichschaltung zu verhindern und 1935 sogar über die Köpfe der NSV-Gauamtsleitung hinweg eine Anerkennung des Instituts durch die NSV-Reichsleitung zu erhalten. Als im November 1935 die Anthroposophische Gesellschaft verboten wurde, sah der Ortsgruppenleiter der NSDAP, gleichzeitig aufsichtsführender Arzt der NSV, Dr. A. Muncke, die Chance, das ihn störende Heim in Einvernehmen mit dem Landrat zu schließen. Allerdings war er nicht über die Anerkennung durch die NSV-Reichsleitung informiert, die Franz Löffler ihm entgegenhielt. Die Reichsleitung veranlasste die Gestapo Muncke zurechtzuweisen, und dieser bat am 6. Dezember die NSDAP-Kreisleitung empört um die Enthebung

*Das Grab des Gerswalder Arztes Dr. med. Albert Muncke auf dem Friedhof der wüsten Kirche Berkenlatten. Sein Todestag ist der 30. April 1945.*

von seinem Amt als Ortsgruppenführer. Eine endgültige Anerkennung des Heimes erreichte Franz Löffler 1937, nachdem die Verhandlungen dazu sich über zwei Jahre hingezogen hatten.

*Der Bauherr des Schlosses ‚Otto von Arnim' hatte 20 Kinder.*

Wer seine schützenden Hände über Gerswalde bei der Reichsleitung der NS-Wohlfahrt ausbreitete, liegt auch heute noch verborgen im Dunkeln. Aber es muss eine sehr einflussreiche Persönlichkeit gewesen sein. Im Februar 1937 informierte die Gauleitung Kurmark das Amt Rosenberg unter anderem darüber, dass es leider nicht gelungen war, die Einrichtung zu schließen, obwohl es umfangreiche Begründungen zur wenig gesicherten nationalsozialistischen Zuverlässigkeit der leitenden Personen gab und obwohl sich jüdische Kinder im Heim befanden.

Die Zeit des Nationalsozialismus überstand Gerswalde relativ unbeschadet. Das Heim wurde während dieser Zeit Heimat für manchen andernorts nicht mehr geduldeten Anhänger der Anthroposophie. In den 1940er-Jahren kamen beispielsweise die Musiklehrerin Alexandra Graatz, die mit Kindern und Mitarbeitern Mozarts „Zauberflöte" einstudierte, oder die Eurythmie-Lehrerin Helene Reisinger (1902–1994), die mit den Kindern malte, schnitzte und töpferte. Sie schrieb nach Kriegsende den Text zum Laut-Eurythmie-Werk „Spiele der Zeitenwende" für Chöre und Orchester des Breslauer Musikers und Komponisten Hans-Georg Burghardt (1909–1993), der auf Veranlassung von Alexandra Graatz auf der Flucht nach Gerswalde gekommen war. Sein Werk wurde ins Gerswalde dreimal mit großem Erfolg aufgeführt und ist auch heute noch, wie das von Helene Reisinger unter Mitwirkung von Franz Löffler ebenfalls nach dem Krieg verfasste Schauspiel „Amor und Psyche", im Handel erhältlich.

Die neue Zeit brachte auch für Schloss Gerswalde Veränderungen mit sich. Man entschloss sich, in die Gemeinschaft auch solche Kinder aufzunehmen, die durch den Krieg ihre Eltern verloren hatten. Einige Mitarbeiter verließen nun das Institut, andere fanden dort eine neue Aufgabe.

1947 waren in Gerswalde 175 Kinder im Alter von drei bis 15 Jahren untergebracht.

Nach der Teilung Deutschlands kam es in Gerswalde bald zu neuen Repressalien. Wie seinerzeit bei den Nationalsozialisten war Franz Löffler nun unter der kommunistischen Herrschaft immer wieder gezwungen, all sein Geschick aufzubringen, um das Institut zu retten. Dem Heimleiter wurde zum Verhängnis, dass sein Haus während der Nazizeit nicht geschlossen worden war. Genossen der SED verdächtigten ihn, mit den Nationalsozialisten kollaboriert zu haben. In einer 2012 veröffentlichten Arbeitsfassung einer Untersuchung zu den Brandenburger Spezialheimen weist der Politikwissenschaftler und Theologe Dr. Christian Sachse darauf hin, dass bis heute Vorwürfe nicht geklärt wären, im Heim seien junge Frauen sterilisiert worden.

1950 musste Franz Löffler nach Jahren der Anfeindung aufgeben. Er wurde verhaftet und kam für Monate ins Gefängnis. Die Kinder wurden – das hatte er noch erreichen können – von einer Westberliner Einrichtung übernommen. Die Mitarbeiter – die meisten von ihnen, wie auch Alexandra Graatz, waren aus Idealismus viele Jahre ohne Gehalt tätig gewesen – standen nun vor dem Nichts, ihr Eigentum wurde beschlagnahmt.

*Sporthalle und Unterrichtsräume des Jugendwerkhofes Gerswalde. Bis 1983 hat die Gerswalder Schule dort Sportunterricht erteilt.*

*Die alte Schlosserei des Jugendwerkhofes Gerswalde*

Alexandra Graatz erhielt schließlich eine Stelle als Lektorin an der Humboldt-Universität in Berlin und bildete Schulmusiker aus. 1959 konnte sie auf legalem Weg ausreisen und ging in das Ruhrgebiet, nach Castrop-Rauxel.

Das Schloss machte die sich Arbeiter- und Bauernstaat nennende DDR 1951 als Landeskinderheim zu einer Einrichtung der staatlichen Jugendhilfe. 1955 wurde daraus der Jugendwerkhof „Neues Leben". Ein am 23. Mai 1952 verabschiedetes Jugendgerichtsgesetz ordnete unter anderem die Heimerziehung von jungen Straftätern zwischen 14 und 18 Jahren in Jugendwerkhöfen an, wenn „andere Erziehungsmaßnahmen nicht ausreichen, um die gesellschaftliche Entwicklung des Jugendlichen zu fördern und zu sichern". Eine konkrete Rolle der Jugendwerkhöfe war bis zur „Anordnung über die Spezialheime der Jugendhilfe" vom 22. April 1965 unklar. Erst darin wurden konkrete Aufgaben festgelegt. „In den Spezialheimen werden schwererziehbare und straffällig gewordene Jugendliche sowie schwererziehbare

Kinder aufgenommen, deren Umerziehung in ihrer bisherigen Erziehungsumgebung trotz optimal organisierter erzieherischer Einwirkung der Gesellschaft nicht erfolgreich verlief", heißt es darin und weiter ist zu lesen: „Die Erziehungsarbeit erfolgt unter Einbeziehung der Kinder- und Jugendorganisation und der Betriebe auf Grundlage der sozialistischen Schulpolitik und Pädagogik mit dem Ziel der Heranbildung vollwertiger Mitglieder der sozialistischen Gesellschaft und bewusster Bürger der Deutschen Demokratischen Republik."

Die (Um-)Erziehung, die auch schon bei Gründung des Jugendwerkhofes Gerswalde auf der Tagesordnung stand, sollte eigentlich in den Händen von charakterlich gefestigten Pädagogen liegen, die am angestrebten Ziel einer vorbildlichen sozialistischen Gesellschaftsordnung verschworen waren. Die Wirklichkeit aber sah in den Anfangsjahren anders aus. In einem Bericht der Staatssicherheit aus dem November 1964 wird davon berichtet, dass (noch) fünf der 28 Mitarbeiter frühere Mitglieder der NSDAP seien, dass eine Außenstelle von einem aus der BRD zurückgekehrten Ehepaar geleitet werde und dass der Schul- und Erziehungsleiter ein wegen Sittlichkeitsverbrechen zu zwei Jahren Freiheitsentzug verurteilter Straftäter sei.

Gerswalde hatte zu dem Zeitpunkt eine Kapazität von 80 Plätzen und war mit 84 Mädchen und Jungen belegt. Dazu kamen Außenstellen in Suckow mit 20 Plätzen und Groß Fredenwalde mit 30 Plätzen. Für die Jugendlichen gab es fünf Lehrer (drei Unterstufenlehrer, einer mit Kurz-, der andere ohne Ausbildung) sowie 12 Erzieher (vier Unterstufenlehrer, 1 Kindergärtnerin, zwei mit Kurzausbildung, fünf ohne Ausbildung).

Im April 1965 brach im Schloss ein Feuer aus. Ein Jugendlicher hatte einen Brand gelegt. Das Dachgeschoss war nicht mehr zu retten. Der entstandene Sachschaden wurde mit 300.000 Mark angegeben. Der Wiederaufbau sollte im Laufe des Jahres 1966 abgeschlossen sein. Sollte.

Bis heute ist der Originalzustand nicht wiederhergestellt.

1968 wurden mehrere Jugendliche, die Briefmarken mit dem Bild des SED-Generalsekretärs Walter Ulbricht beschmiert hatten, wegen staatsfeindlicher Handlungen in Haft genommen.

In der Gedenkstätte Geschlossener Jugendwerkhof Torgau gibt es ein Interview eines ehemaligen Gerswalde-Jugendlichen, der über sexuellen Missbrauch sowie über einen Selbstmordversuch berichtet.

Zur wohl traurigsten Berühmtheit gelangte 2000 der 1979 für vier Wochen in Gerswalde untergebrachte Frank Schmökel, ein 1963 in Strausberg geborener Polizistensohn, der als vierfacher Vergewaltiger, Kinderschänder, Totschläger und sechsfacher Ausbrecher in die Kriminalgeschichte einging. Eingeliefert wurde der psychisch kranke und alkoholabhängige Jugendliche, nachdem er während der Ausbildung als Rinderzüchter in der LPG Hermersdorf einen anderen Lehrling mit einem Tauchsieder absichtlich im Gesicht verletzt hatte. Nach den vier Wochen in Gerswalde wurde er für 15 Monate in der Außenstelle des Jugendwerkhofes in Groß Fredenwalde untergebracht, wo er neben Rinderzucht unter anderem das Spielen einer Schalmei lernte und bei politischen Umzügen wie der 1. Mai-Demonstration damit auftrat. Die Zeit im Jugendwerkhof bezeichnete er später als die schönste in seinem Leben. Nach der Entlassung aus dem Heim nahm er eine Arbeit als Melker in Siedenbrünzow bei Demmin auf, wo seine Probleme erneut begannen.

Schmökel, der nach seiner letzten Flucht aus dem Maßregelvollzug, bei der er einen Rentner tötete, 2002 in Frankfurt an der Oder zu lebenslanger Haft und anschließender Sicherungsverwahrung verurteilt wurde, sorgte mit seiner letzten spektakulären Flucht im Jahr 2000 dafür, dass der frühere Jugendwerkhof Gerswalde in den Mittelpunkt zahlreicher Presseberichte rückte.

In das Licht der juristischen Öffentlichkeit rückte der Jugendwerkhof noch einmal 2006/2007, als ein ehemaliger Gerswalder gerichtlich feststellen lassen wollte, dass seine 1975 bis 1976 aufgrund von verschiedenen strafbaren Handlungen bestehende Einweisung in den Jugendwerkhof Gerswalde rechtswidrig war. Dieser Auffassung schloss sich der 2. Strafsenat des Berliner Kammergerichts als Beschwerdesenat für Rehabilitierungssachen nicht an. Der zu Prozessbeginn 48-Jährige erhielt kein für ihn positives Urteil und damit auch keine von ihm angestrebte finanzielle Entschädigung.

Da Gerswalde ein Jugendwerkhof vom sogenannten Typ II war, das heißt, dass die Jugendlichen hier mit einem Aufenthalt von mehr als neun Monaten zu rechnen hatten, oblag es der Einrichtung nicht nur für eine schulische Bildung zu sorgen, sondern auch für eine teilberufliche Aus- bzw. Weiterbildung. Die erfolgte zum einen in Werkstätten auf dem Heimgelände, aber auch in der früheren Schlossgärtnerei bzw. in einer Außenstelle des Kreisbetriebes für Landtechnik auf dem früheren von Arnimschen Gut Suckow bzw. auf dem volkseigenen Gut Groß Fredenwalde. Die alte Schlossgärtnerei war schon in Zeiten der anthroposophischen Nutzung des Schlosses vom Heim einbezogen worden. Das Ehepaar Erich und Käthe Seiferth, das 1930 den Gärtnereibetrieb übernommen hatte, um hier biologisch-dynamisch Obst und Gemüse für das Heil- und Erziehungsinstitut anzubauen, arbeitete eng mit dessen Leiter Franz Löffler zusammen und integrierte behinderte Kinder in die tägliche Arbeit. 1932 erhielt Erich Seiferth die Lehrerlaubnis. In den folgenden Jahren wurde die Gärtnerei ein anerkannter Lehrbetrieb. Da Seiferth aber nicht im Sinn der nationalsozialistischen Ideologie ausbildete, wurde ihm 1938 die Lehrerlaubnis wieder entzogen. In den Kriegsjahren war die Gärtnerei auch Einsatzort für Zwangsarbeiter aus Polen und der Ukraine.

Mit dem Übergang in Volkseigentum und der Zuordnung zum Jugendwerkhof wurde die Gärtnerei Standort der Lehrausbildung. Versuchte man zuerst weiter biologisch-dynamisch zu wirtschaften, musste man diese Art der Produktion bald aufgeben, als eher Masse statt Klasse zur Versorgung der Bevölkerung gefragt war. Auf dem Gelände wurde viel an- und umgebaut. Vier neue Gewächshäuser entstanden. Von 1961 bis 1993 leitete Ernst Schulz die Gärtnerei.

Nach der Wende nahm sich 2004 der Landesverband Brandenburg des Naturschutzbundes Deutschland e. V. (NABU) der seit Jahren brach liegenden Gärtnerei an, die schon in der ersten Hälfte des 18. Jahrhunderts als „Großer Garten" existierte. 1765/1766 hatte Christoph Otto von Arnim ihn anlegen lassen. Zu Beginn des 20. Jahrhunderts machte Emily von Arnim daraus ein kleines Sanssouci, in dem in Anlehnung an das Potsdamer Schloss Friedrichs II. eine zentrale Freitreppe, große Feldsteinterrassen und einen hinter dem Schlossgraben gelegenen Teich entstanden. Auf dem für den Obstanbau hervorragend geeigneten terrassierten Südhang baute sie edles kalifornisches Tafelobst an und machte die Gärtnerei damit weit über die Grenzen der Uckermark hinaus bekannt.

*Der Anthroposoph Franz Löffler*

Von dem damals entstandenen Gebäudeensemble prägen noch heute das Wohnhaus, die Scheune und das Palmenhaus das Bild des Geländes.

Ziel der Aufbauarbeit war es, eine Naturwerkstatt, in der Naturerleben möglich gewesen wäre und es Raum zur Umsetzung eigener Ideen gegeben hätte, zu errichten. Die Naturwerkstatt sollte eine Umweltbildungsstätte anderer Art – eine Werkstatt in der Natur, ohne teure Ausstattung und Technik – werden. Mehr als 200.000 Euro, darunter 49.000 Euro Fördermittel aus dem Umweltministerium, flossen in das 12.000 Quadratmeter große Gelände, das die Naturschutzjugend Brandenburg für eine monatliche Pacht von 250 Euro nutzen konnte.

Die Naturschutzjugend vermietete die gepachtete Schlossgärtnerei weiter. Zweimal trennte man sich schnell und im Streit. Die dritten Mieter, ein Ehepaar aus dem Allgäu, das die 1000 Quadratmeter für den Anbau seltener Gemüsesorten nutzte und dafür erst 300 und zuletzt 430 Euro Miete und Pacht zahlte, klagte man aus dem Haus. 2011 erfolgte der unfreiwillige Auszug der Gärtner aus dem Ökoparadies.

Da die Nachwuchsorganisation des NABU verschiedene angekündigte Projekte nicht umsetzte und das Gärtnereiareal mittelfristig ein Risiko für die Stiftung Großes Waisenhaus dargestellt hätte – die Pacht reichte längst nicht für die Sicherungsmaßnahmen, erst recht nicht für eine weitere Sanierung –, wurde die Gärtnerei im Dezember 2012 verkauft. Allerdings nicht an die Naturschutzjugend, sondern an die Drehbuchautorin und Regisseurin Lola Randl, die Pläne für eine Film- und Gartenakademie mit Seminarhaus in der Schlossgärtnerei vorstellte.

Das Schloss selbst, das um 1910 im Stil des wilhelminischen Neobarocks umgebaut worden war, ist seit 1994 ein Jugendheim der gemeinnützigen Gesellschaft zur Förderung Brandenburger Kinder und Jugendlicher mbH, das jungen Menschen Wohnplätze in verschiedenen Unterbringungs- und Betreuungsformen bietet, darüber hinaus eine schulische Förderung, Berufsvorbereitung und Berufsausbildung. Die kommt nicht nur den jungen Heimbewohnern zugute, sondern auch Jugendlichen von außerhalb des Schlosses. Die Ausbildung erfolgt in einer Ausbildungs- und Lehrwerkstatt, die 1999 aus dem Fonds des Box-Weltmeisters Henry Maske finanziert wurde. Die Ausbildung erfolgt von ausgebildeten und erfahrenen Lehrmeistern und endet mit einer Prüfung vor der Handwerks- bzw. der Industrie- und Handelskammer.

*Im Schloss untergebracht ist heute ein Jugendheim der Gemeinnützigen Gesellschaft zur Förderung Brandenburger Kinder und Jugendlicher mbH. Außerdem bietet eine kleine Pension Radtouristen die Möglichkeit zur Übernachtung.*

*Vietmannsdorf*

## Ein „homo liberalis"

**Der aus Vietmannsdorf stammende Franz von Holtzendorff machte sich als Jurist im 19. Jahrhundert einen Namen. Seine Schriften sind bis heute bekannt. Doch auf seiner Bekanntheit ruhte er sich nicht aus. Der Gutsherr setzte sich – wie sein gleichnamiger Vater – für soziale Belange ein.**

Rechts- und Staatsanwälten, Richtern und Justiziaren wird der Name Franz von Holtzendorff etwas sagen. Zum einen dürften sie ihn aus ihrem Studium kennen. Zum anderen war der gebürtige Vietmannsdorfer 1860 Initiator der Gründung des Deutschen Juristentages. Einem Verein, der heute rund 7000 Mitglieder zählt und bei dem Mitglied werden kann, wer mindestens eine juristische Staatsprüfung abgelegt hat oder Student der Rechtswissenschaft ist. Wie zu ihren Gründungszeiten geht es der Juristenvereinigung auch heute um die Fortentwicklung des Rechts.

1860 trat Holtzendorff für eine deutsche Rechtseinheit und für eine fachmännische Beeinflussung bei der Arbeit an neuen Gesetzen ein. Wenig später richtete er sein Augenmerk auf die Stellung der Staatsanwaltschaft. Er forderte die Unabhängigkeit und Unabsetzbarkeit der Anklagebehörde. „Liberalismus ist in unseren Augen kein Ziel des Rechtslebens, wohl aber die Gleichheit aller politischen Parteien vor dem Strafgesetz." Er mahnte die Mächtigen, das Recht zu achten, weil es jedem ein Rettungsanker werden könne. „Das Schicksal der Machthaber ist veränderlich wie die Wogen des Meeres."

Franz von Holtzendorff wurde am 14. Oktober 1829 vor den Toren Templins geboren und ist 1889 in München an einem Herzleiden verstorben. Er galt in der zweiten Hälfte des 19. Jahrhunderts in Europa als der berühmteste deutsche Jurist. Diesen Ruf genoss er spätestens nach seiner Arbeit als Verteidiger des Grafen Harry von Arnim-Suckow im Dezember 1874. Auf Betreiben Bismarcks war der abberufene erste kaiserliche Botschafter Deutschlands in Paris in einem Strafverfahren der Veruntreuung diplomatischer Aktenstücke angeklagt worden.

*Franz von Holtzendorff*

Franz von Holtzendorff verbrachte etwa zehn Jahre seiner Kindheit in der Uckermark. Ab 1839 besuchte er das Gymnasium „Graues Kloster" in Berlin. In der Hauptstadt begann er mit dem Jurastudium, das er in Heidelberg und Bonn fortsetzte. Wieder in Berlin lebend, promovierte er 1852 und wurde 1862 Professor an der Friedrich-Wilhelm-Universität. Weitere zehn Jahre später ging er als Professor nach München, wo er bis zum

Lina Morgenstern, Begründerin der Berliner Suppenküche

Lebensende Staats-, Völker- und Strafrecht lehrte. Holtzendorff ist noch heute bekannt als Autor zahlreicher juristischer Fachbücher. Erst 2007 wurden seine „Prinzipien der Politik" neu herausgegeben. Auch als Übersetzer von Fachliteratur begegnet Rechtswissenschaftlern Franz von Holtzendorff noch heute. 2008 erschien das von ihm übertragene „Lehrbuch des internationalen Privatrechts" John Westlakes von 1884 als Nachdruck. In Vergessenheit geraten sind dagegen seine Ambitionen als Reiseschriftsteller, für die unter anderem 1882 seine „Schottischen Reiseskizzen" standen.

Sozial engagierte sich der Gutsbesitzersohn bei der 1866 von der Frauenrechtlerin und Sozialaktivistin Lina Morgenstern begründeten Berliner Volksküche, in der Gesellschaft für Verbreitung von Volksbildung sowie im Verein zur Förderung der Erwerbstätigkeit des weiblichen Geschlechts.

Franz von Holtzendorff folgte dem Beispiel seines gleichnamigen Vaters: Beide Männer brachen aus der ständischen Ordnung aus und heirateten Frauen aus bürgerlichen Verhältnissen. Franz von Holtzendorff Junior ehelichte 1857 Pauline Binder, die Tochter des Hamburger Bürgermeisters Nicolaus Binder. Der Vater hatte 1824 mit der Wrietzener Gastwirtstochter Charlotte Häsicke den Bund fürs Leben geschlossen. Diese Heirat erregte damals nicht nur aufgrund der nicht standesgemäßen Verbindung große Aufmerksamkeit. Die Auserwählte war auch sieben Jahre älter als der Bräutigam.

Vater und Sohn sahen im häuslichen Frieden den Kraftquell für ihren politischen Kampf. Insofern setzten beide auf eine „züchtige Hausfrau, deren tägliche seelenvolle Aufgabe die Spendung des höchsten aller menschlichen Sacramente – der selbstvergessenden Mutterliebe ist", wie es in der Biografie von 1910 heißt.

Franz von Holtzendorff Junior war der Sohn, den sich Franz von Holtzendorff Senior gewünscht hat. Rudolf Virchow äußerte

Das als Schloss, Herrenhaus bzw. Gutshaus bezeichnete Zuhause Franz von Holzendorffs war eher eine eher großstädtisch wirkende Villa. Sie entstand in der zweiten Hälfte des 19. Jahrhunderts. Vorgänger des Gutshauses war ein zweiflügeliges zweigeschossiges Fachwerkgebäude.

über den Junior, dass der von den Vorurteilen seiner Standesgenossen keines geerbt habe. Nur die vornehme Weise seines Benehmens, der vollendete Anstand, der Freimut seiner Sprache und die Beständigkeit seiner Überzeugungen zeugten vom angeborenen Adel seines Wesens. Im Übrigen sei er ein Sohn seiner Zeit, jeder edlen Regung erschlossen, ein selbst gemachter Mann voll Freiheitsgefühl und idealen Strebens – ein „homo liberalis".

Der Senior hatte sich als Politiker bereits Anfang der 1840er-Jahre gegen überbrachte feudalistische Herrschaftsformen gewandt. Mit einer „Bauernadresse" trat er bald 40 märkischen Rittern, die eine Rückkehr zum Absolutismus empfahlen, entschieden entgegen.

Den Zorn des aus der Uckermark stammenden preußischen Staatsministers Adolf Heinrich von Arnim-Boitzenburg zog der Holtzendorff-Vater durch seine kämpferische Einstellung auf sich. Arnim-Boitzenburg entzog ihm als Innenminister sogar die adeligen Standesrechte. Nicht nur deswegen war von Holtzendorff Vorbild für seinen Sohn.

*Preußens Staatsminister Adolf Heinrich von Arnim-Boitzenburg entzog Franz von Holtzendorff seine Adelsrechte.*

Vater Franz war übrigens der letzte von Holtzendorff aus Vietmannsdorf. Das Gut wurde 1858, einige Monate nach der Hochzeit der 1835 in Vietmannsdorf geborenen Anna Katharina von Holtzendorff im August 1857 in Langen-Orla, an den Bräutigam Carl Wilhelm Ludwig Felix Freiherr von Stein verkauft, einen Urenkel der berühmten Goethe-Freundin Charlotte von Stein. Der Freiherr

*Den Blick in die Berliner Suppenküche hielt 1868 der Grafiker Hermann Scherenberg für die „Illustrierte Zeitung" fest.*

setzte dann das Holtzendorffsche Gut ein, um das thüringische Schloss Groß Kochberg zu retten. Da das Geld aber nicht reichte, war von Stein 1886 gezwungen, die Goethebriefe seiner Urgroßmutter für 70.000 Mark zu veräußern. 1938 starb sein gleichnamiger Sohn Felix, der letzte Erbe Charlotte von Steins.

1872 ging Vietmannsdorf an den Berliner Bankier Dittmar Leipziger. Bevor es 1943 in die Göring-Stiftung „Schorfheide" eingegliedert wurde, gehörte das Elternhaus Franz von Holtzendorffs dem Direktor der Berliner Engelhardt-Brauerei Hans Ramacher. Er erwarb das Gut 1930 durch eine Zwangsversteigerung. Nach 1945 diente es als Sitz der Gemeindeverwaltung, als Kindergarten und Wohnstätte. Nach einem Verkauf 1990 war die uckermärkische Immobilie ein Spekulationsobjekt. Mitte der 90er-Jahre begann die Sanierung des Hauses. Bald wurde das Dach neu eingedeckt und die Fassade von einem britischen Stuckateur wiederhergestellt. Heute ist das Vietmansdorfer Herrenhaus wieder ein Schmuckstück.

*Das Vietmannsdorfer Gutshaus ist inzwischen saniert und verputzt.*

*Im Dorf erinnert ein Gedenkstein an den großen Sohn des Ortes.*

*Templin*

## Eindrucksvolle Spur der Steine

**Schlösser, Kreisverwaltungen und Bauernhöfe –
der Architekt des heutigen Templiner Rathauses,
Ernst Paulus, hinterließ vielfältige Zeugnisse seines
Könnens. Neben dem Staat zählte auch die Familie von
Arnim zu seinen Auftraggebern.**

Die im Osten Deutschlands wohl bekanntesten Adressen, die die Handschrift des Architekten Ernst Paulus tragen, dürften die Schlösser Klink und Göhren-Lebbin in Mecklenburg-Vorpommern sein. Paulus, 1868 in Kleve geboren und 1935 in Berlin verstorben, war Mitarbeiter des Architekturbüros Grisebach und Drinklage, das im Auftrag von Arthur von Schnitzler und seiner Frau Margarethe zwischen 1896 und 1898 Klink bei Waren errichtet hatte. Er wurde nach dem Ausscheiden

*Für die Familie von Arnim-Suckow baute Ernst Paulus mit seinem Partner das heute in Polen liegende Schloss Nemischof.*

Grisebachs 1901 Partner von August Drinklage. Als der 1910 die Firma verließ, führte Ernst Paulus mit seinem neuen Partner Olaf Lilloe, einem Norweger, das Büro weiter. Seit 1904 zusammenarbeitend, waren sie im Kaiserreich gefragte Baumeister.

1911 schlossen sie elf Projekte ab. Sie bauten Gotteshäuser wie die Erlöserkirche in Berlin-Moabit, Villen wie das herrschaftliche Landhaus Heydenreich in Berlin-Dahlem, Schlösser wie Nemischhof – heute Niemieńnsko – für die Familie von Arnim-Suckow. 1913 holten ihn die Schnitzlers ein zweites Mal, um Schloss Klink mit einem Saal zu versehen. Margarethe von Schnitzler war eine Tochter von Albert Borsig, der auf Platz zehn der Liste der reichsten Deutschen stand. Ebenfalls 1913/14 bauten Paulus und Lilloe im Auftrag von Raban Freiherr von Tiele-Winckler das Schloss in Göhren-Lebbin. Der Bauherr war Spross einer oberschlesischen Industrie-Magnaten-Familie. Mit seinem Vermögen stand der Vater Franz Hubert 1912 auf Rang 8 der Liste der reichsten Preußen.

*1913 nahm Ernst Paulus eine Erweiterung des Schlosses Klink vor.*

*1913/14 baute Ernst Paulus mit seinem Partner das Schloss in Göhren-Lebbin.*

Neben den großen Kirchenprojekten und vielen repräsentativen Wohnbauten für Adel und Großbürgertum – bis 1922 bauten sie 40 Guts- und Herrenhäuser – waren Ernst Paulus und Olaf Lilloe auch für den preußischen Staat aktiv. Für ihn bauten sie einige Landratsämter, das erste 1905 in Templin. Zur Bauzeit stand der Geheime Regierungsrat und Landrat Ludwig Gustav Otto Gotthelf von Arnim (1860–1936) an der Spitze der Kreisverwaltung, die eine Zwitterstellung zwischen staatlicher und kommunaler Verwaltung einnahm.

Das L-förmige Gebäude wurde auf einem freien Grundstück in der Arnim-

*Ernst Paulus*

*1888 wurde das Kreishaus in Prenzlau fertiggestellt.*

straße am Templiner See, außerhalb der Stadtmauern, errichtet. Im Gegensatz zum 1871 übergebenen Angermünder Kreishaus und dem 1888 eingeweihten Prenzlauer Kreishaus stand es nicht in der Nähe des Bahnhofs. Trotzdem galt auch hier, dass niemand mehr als drei Meilen, das heißt zwischen 15 und 20 Kilometer, bis zur Kreisbehörde zu laufen habe, so dass er seine Geschäfte ohne zu übernachten abmachen könne.

Paulus und Lilloe erhielten den Auftrag, sich architektonisch an die historischen Gebäude der Altstadt anzupassen. Sie wählten aber weder das klassizistisch gestaltete Rathaus auf dem Markt noch die barocke Maria-Magdalenen-Kirche als Vorbild, sondern griffen auf Elemente der Backsteingotik zurück. Sie ließen sich vom Mühlentor und der St.-Georgen-Kapelle inspirieren, zum anderen aber auch vom Prenzlauer Kreishaus.

Der Rückgriff auf lokale Bautraditionen hatte nicht nur etwas mit der wachsenden Wertschätzung regionaler Architektur zu tun. Bereits 1875 waren den Kreisen durch eine neue Provinzialverordnung Aufgaben des regionalen Heimatschutzes (Naturschutzes) und der Denkmalpflege übertragen worden. Aus diesem Grund machen zeitgenössische Architekturhandbücher auch keine Aussagen zur stilistischen Ausprägung von Kreishäusern, sondern nur zu ihren Räumen: Neben den Geschäftsräumen des Landratsamtes sollten sie die der Kreissparkasse, des Kreisausschusses und des Katasteramtes aufnehmen und über einen größeren Saal verfügen.

*Zur den architektonischen Vorbildern für das Templiner Kreishaus gehört das Mühlentor.*

Da der Saal aber nur selten in Gebrauch war, wurde er in der Regel mit der Dienstwohnung des Landrates verbunden, die einen großen Teil aller Kreishäuser einnahm. Sieben bis acht Wohnräume mit Räumen für die Mädchen oder den Diener waren normal, ebenso wie eine aus zwei bis drei Zimmern bestehende Wohnung des Hauswarts. Dazu kamen die Geschäftsräume des Landrates mit eigenem Arbeitszimmer.

In Templin und Prenzlau befanden sich die Wohnungen der Landräte jeweils im rechten Bereich des Hauses. Sie wurden über die Treppentürme erschlossen. In Prenzlau brannte das Kreishaus 1924. Beim Wiederaufbau ging die ursprüngliche Raumstruktur verloren. In Templin wurde das Kreishaus im März 1945 ein Opfer der Flammen des Zweiten Weltkrieges. Nur der linke Risalit konnte teilweise erhalten werden. In den 1960er-Jahren erhielt das Haus, das heute städtisches Rathaus ist, einen neuen Anbau.

*1905 wurde das Templiner Kreishaus gebaut.*

Ernst Paulus und Olaf Lilloe bauten 1907 in Anklam ein weiteres Kreishaus. Der Entwurf wurde bereits 1905 auf der Großen Berliner Kunstausstellung gezeigt. Anders als in Templin fanden die Architekten in Anklam keine lokalen Vorbilder. So entstand in Vorpommern ein Kreishaus im Stil der Neorenaissance. 1908 war dann ihr drittes Kreishaus fertig, im schlesischen Züllichau, heute eine Kleinstadt in der polnischen Woiwodschaft Lebus, eine Mischung aus dem Templiner Grundriss und der Anklamer Architektur.

*1907 entstand das Kreishaus Anklam.*

Ab 1922 arbeitete auch Günther Paulus als Angestellter im Büro seines Vaters mit. Ende 1924, Anfang 1925 wurde der Sohn dort Partner, nachdem er seinen Doktor gemacht hatte. Olaf Lilloe schied aus der Gemeinschaft aus. Neben verschiedenen Aufträgen in Hinterpommern und Brandenburg realisieren Vater und Sohn Paulus einige Mietshäuser in den westlichen Stadtteilen Berlins, bevor sie sich ab 1927 mehr und mehr dem Siedlungsbau zuwandten.

**PFLUG UND EGGE-**
**Landsiedlungs-Gesellschaft**
mit beschränkter Haftung.

**BERLIN-DAHLEM, Rheinbabenallee 32-34**
Bank-Konto: Dresdner Bank, Depositenkasse 83, Berlin-Dahlem, Breitenbachplatz 14
Postscheck-Konto: Berlin 787 64
Fernsprecher: Sammelnummer 89 77 66. Erfüllungsort Berlin.

*Mit seinem Sohn Günther siedelte Ernst Paulus in den 1920er- und 1930er-Jahren elf Dörfer auf.*

1931 riefen sie aus diesem Grund ihre eigene Siedlungsgesellschaft „Pflug und Egge" ins Leben, die ausnahmslos im heutigen Mecklenburg-Vorpommern tätig wurde und zwischen 1931 und 1938 insgesamt 156 sogenannte Reichserbbauernhöfe errichtete. In elf Dörfern hinterließen sie eine Spur der Steine. Zunächst in Krukow bei Penzlin zwischen 1931 und 1933, wo 32 Höfe entstanden und das Gutshaus zum Mehrparteien-Wohnhaus umgebaut wurde. In Sembzin bei Waren bauten sie 1936. Dort waren es 23 Höfe. Die Partnerschaft von Paulus und Paulus endete 1935 mit dem Tod des Vaters.

*Zu den ausgesiedelten Gütern gehörte auch Krukow bei Penzlin, wo aus dem Gutshaus ein Miethaus und aus Ställen Bauernhäuser wurden.*

*1945 wurde das Templiner Kreishaus ein Kriegsopfer. Nur der linke Teil konnte teilweise und in vereinfachter Architektur gerettet werden. In den 1960er-Jahren erfolgte ein Anbau.*

*Wilmersdorf*

## Reichlich „Schotter" gemacht

**Unternehmer aus dem Großraum Berlin betrieben „Bergbau" in der Uckermark und verarbeiteten eiszeitliche Findlinge in diversen Stein- und Schotterwerken zu Baustoffen vor allem für den Straßen- und Eisenbahnbau.**

Ein riesiger Betonklotz liegt im Wilmersdorfer Wald bei Angermünde. Reste von Bunkeranlagen aus der Nazizeit oder eine Art Brückenlager vermuten einige Radwanderer, die dem Fernradweg Berlin-Kopenhagen folgen. Die Nähe der Autobahn, die 1935/36 gebaut wurde und Berlin mit Stettin verbindet, lässt beide Vermutungen zu. Doch warum sollte man versucht haben, mitten im Wald eine Brücke oder einen Bunker zu bauen?

Das rätselhafte stattliche Beton-Rudiment gehört weder zu einem Bunker noch zu einer Brücke. Es ist das Fundament eines alten Steinbrechers und einige Jahrzehnte älter als die Wanderer vermuten. Im Herbst 1902 und im Frühjahr 1903 waren im Georg Gustav von Arnim gehörenden Suckower Forst von einem Baumeister namens Schäfer Grabungen vorgenommen worden. Sie standen in Verbindung mit dem Bankgeschäft Häneckel Groß Lichterfelde, bis 1920 selbständige Gemeinde bei Berlin, heute der Ortsteil Lichterfelde im Berliner Stadtbezirk Steglitz-Zehlendorf. Im Deutschen Reich hatte der Straßen- und Eisenbahnbau gerade Hochkonjunktur. Mit dem industriellen Aufschwung wurden überall neue Schienenverbindungen, Chausseen und Landstraßen gebaut sowie Straßen in Städten und Dörfern gepflastert.

Bis Mitte des 19. Jahrhunderts wurde der Bedarf an Feldsteinen weitgehend durch Aufarbeiten größerer Findlinge, einschließlich vorhandener Großsteingräber, sowie durch Absammeln der Felder und Wälder abgedeckt. Das reichte ab Ende des 19. Jahrhunderts nicht mehr. Geschäftstüchtige Unternehmer gingen zum industriemäßigen Abbau der eiszeitlichen Endmoränen über. Sie produzierten und vermarkteten Schotter und verdienten damit so viel, dass Schotter zu einem Synonym für viel Geld wurde. Versuchsgrabungen im Suckower Forst erbrachten den Nachweis für einen besonderen Reichtum an Block- und Steinpackungen. Fachleute taxieren das Vorkommen auf rund 50 Hektar. Zudem lagen die Steine in geringer Tiefe und waren damit leicht abbaubar.

Im Wald entstand ein als „Suckower Steinwerk" bezeichnetes Unternehmen, an dem Georg Gustav von Arnim entweder als Gesellschafter beteiligt war oder dem er umfassende Schürfrechte eingeräumt hatte. Auf jeden Fall profitierte er in nicht unerheblichem Maß davon.

*Bis zu 10 Meter tief wurde in Schachtgruben nach den von der Eiszeit in die Uckermark transportierten Findlingen gegraben.*

*Zur Wende vom 19. zum 20. Jahrhundert boomte der Bau von Chausseen und Landstraßen sowie Eisenbahnen in Deutschland. In den Städten und Dörfern wurden Wege gepflastert und ausgebaut. Überall wurde Schotter gebraucht.*

Angesichts des zu erwartenden wirtschaftlichen Erfolges wurde statt einer Schmalspurverbindung die Schotterbahn zur etwa zwei Kilometer entfernten Verladestation Wilmersdorf in normaler Spurbreite gebaut. So konnten die beladenen Bahnwaggons gleich auf dem Schienennetz der Königlich Preußischen Staatseisenbahn weiterfahren.

Die Schienen sind längst wieder verschwunden, doch der Verlauf der Schotterbahn lässt sich noch heute anhand der Bahndämme erkennen. In seiner Schulchronik notierte der Lehrer Max Treugott Ferdinand Weitling, von 1898 bis 1923 Lehrer in Stegelitz: „Zuerst wurden drei Brecher aufgestellt, die die Steine wie Nüsse zerknackten. Zu dem Fundament waren nicht weniger als 14 Waggons Zement erforderlich. Außerdem wurde noch lehmfreier Kies für das Fundament verwendet, welcher in einer besonderen extra am Ort eingerichteten Kieswäsche gereinigt wurde. Der Kies wurde im selben Lager gewonnen und es wurden davon 300 m³ erforderlich. Es sollten anfangs täglich 200 m³ Steine gebrochen werden und jährlich sollten vier Morgen geräumt werden." Diese Menge entspricht einem Hektar.

Die Brunnenbohrungen vor Ort waren seinem Bericht zufolge sehr schwierig. Es mussten mehrere Sprengungen durchgeführt werden. In 83 Meter Tiefe stieß man auf ein Tonlager und reichlich Wasser, das dann bis in eine Höhe von 68 Meter stieg.

Zu dieser Zeit, so Weitling, waren etwa 100 Arbeiter im Wald beschäftigt. „Um die unterzubringen", heißt es in der Schulchronik, „wurde eine Kantine erbaut, welche Logis für 100 Personen bietet. Die Kantine hat zurzeit ein Kaufmann aus Berlin inne. Zuerst hatte man eine Notkantine, die Erfrischungen außer Branntwein hatte. Dieselbe befand sich in der Erde. Man hatte die Grube zu einer Versuchsgrabung genutzt, sehr reizend mit Tannengrün ausgeputzt und von oben zugedeckt, das man unwillkürlich an den Berg Sesonn in 1001 erinnert wurde." Der Vergleich mit der Schatzhöhle Ali Babas klingt nicht abwegig.

*Zu den von der Uckermärkischen Granitwerke AG betriebenen Stein- bzw. Schotterwerken gehörte auch immer eine (verpachtete) Kantine.*

Bis Anfang der 1930er-Jahre hat das „Suckower Steinwerk" produziert. Während zuerst viele Arbeiter noch in Stegelitz wohnten, kamen sie später vor allem in Steinhöfel unter. „Es hat ein reges Leben in der sonst so einsamen Waldesstille begonnen", notierte der Stegelitzer Lehrer, der sich der Faszination des neuen Betriebs nicht entziehen konnte. „Das Klopfen und Hämmern und das Getöse der Maschine wechselt mit dem Signal der Pausen. Wieder ertönt ein anderes Signal, welches das Sprengen eines gewaltigen Steines verkündet."

Zwischen 1905 und 1907 erfolgte ein Schulneubau in Stegelitz. Neben 13 Waggons Ziegelsteinen wurden auch 83 m³ Feldsteine für das Fundament gebraucht, die Schulpatron Georg Gustav von Arnim aus dem Steinwerk im nahegelegenen Wald anliefern ließ. Ansonsten produzierte das Steinwerk mittels dampfbetriebener Backen- und Kreiselbrecher verschiedene Sorten Schotter, Splitt und Kies. Darüber hinaus verließen von Steinschlägern zugehauene Pflaster-, Bord- und auch Grabsteine den Betrieb.

Neben erfahrenen Handwerkern beschäftigten Stein- oder Schotterwerke wie Suckow zahlreiche „Fremdarbeiter", Saisonkräfte aus Polen oder Italien, und in den Zeiten außerhalb des Holzeinschlags auch Waldarbeiter. Während die ausländischen Hilfskräfte vor allem Erdarbeiten erledigten, wurden die im Umgang

*Fast vollständig aus behauenen Feldsteinen wurde die Gutsanlage von Friedrichsfelde bei Steinhöfel errichtet. In der Nähe befand sich ein Schotterwerk, das das Friedrichsfelder Steinlager ausbeutete.*

*Mitten im Wilmersdorfer Wald steht das Fundament eines alten Steinbrechers des Suckower Steinwerks.*

mit Pferden erfahrenen Waldarbeiter gern als Kutscher eingesetzt.

Nicht weit entfernt vom Suckower Steinwerk steht an der Schotterwiese bei Neuhaus ebenfalls eine turmartige Ruine aus Feld- und Mauersteinen. Unweit davon sind Fundamente einer Maschinenanlage und von Gebäuden zu erkennen. Auch hier existierte ein Schotterwerk mit Schotterbahn, die allerdings zum Bahnhof Greiffenberg führte. Laut einem Angermünder Zeitungsbericht von 1902 sollen damals ein Oberingenieur, ein Ingenieur sowie 30 Arbeiter auf dem „Steinlager bei Friedrichsfelde" beschäftigt gewesen sein. Womit wohl die ausgebildeten Steinschläger gemeint waren, denn für die Spitzenzeiten gibt der Bericht bis zu 300 Beschäftigte an.

1909 errichte die gleiche Firma aus Groß Lichterfelde, die das Suckower Steinwerk betrieb, in Fürstenwerder ein Schotterwerk. Auch hier waren, wie Bäckermeister Hennig Ihlenfeldt, Mitglied des Vorstandes des heimatlichen Fremdenverkehrsvereins, herausfand, an die hundert Arbeiter beschäftigt. Und auch hier gab es eine feste Kantine. Darin befand sich ein gemauerter Herd mit eisernen Platten, zitiert Hennig Ihlenfeldt Martha Antonowa, eine ehemalige Kantinenarbeiterin. Die Arbeiter brachten ihr Essen mit, das auf dem Herd erwärmt wurde. Heiße Getränke wurden für alle gekocht und angeboten.

Da es den Betreibern des Schotterwerkes Fürstenwerder nicht gelang, weitere Schürfrechte zu annehmbaren Bedingungen zu erwerben, wurde der Betrieb bereits nach wenigen Jahren zwischen 1913 und 1915 eingestellt. Ein Teil der Arbeiter fand wenige Kilometer weiter im Mecklenburgischen Lohn und Brot. In Feldberg hatten die Groß Lichtenfelder bereits 1911 ein weiteres Schotterwerk der Uckermärkischen Granitwerke AG in Betrieb genommen, das bis 1945 produzierte. Dann verschwand das alte Werk als Reparationsleistung in die Sowjetunion. 1956 erfolgte noch einmal eine notdürftige Inbetriebnahme des Standortes Feldberg für sechs Jahre.

*Suckow*

## Die letzte Generation

**Georg Abraham, Georg Gustav, Georg Wilhelm, Gestalter, Bewahrer und Erbe von Suckow, einer herausragenden Gutsanlage, die seit 1577 fast 370 Jahre Besitz der Familie von Arnim war.**

„Schlossherr vergraben im Wald". So würde ein als deutsches Zentralorgan fungierendes Vier-Buchstaben-Boulevardblatt titeln. Und es läge nicht einmal falsch. Der am 28. August 1945 in einem Nebengebäude seines niedergebrannten und besetzten Gutes an Paratyphus verstorbene letzte Besitzer von Suckow vor Enteignung und Bodenreform, Georg Gustav von Arnim, wurde tatsächlich in einem schlichten Grab im alten bestattet. Er ruht an der Seite seines Vaters, Georg Abraham Constantin von Arnim (1839–1879), und seiner Mutter, Rosalie (Rose) Augusta Carolina Johanna Ulrika, geborene von Schnehen (1843–1907), im 1882 fertiggestellten Erbbegräbnis.

*Das Suckower Erbbegräbnis*

*Die Mutter von Georg Gustav, Rosa genannt, starb 1907 in Nemischhof. Sie wurde aber im Suckower Erbbegräbnis beigesetzt.*

Im Stil eines griechischen Tempels gebaut, der, von einer Kuppel bekrönt, zur Grabseite offen gehalten wurde, tragen vier glatte Säulen das Dach. In dessen Kranz eingemeißelt ist der Wahlspruch des Hauses Suckow „Soli Deo Gloria" (Einzig Gott zur Ehre). Das Innere schmückt ein altarförmiger Stein aus schwarzem Porphyr mit einem großen Kreuz aus gleichem Material. Entworfen wurde das Grabmal vom Erbauer Georg Abraham selbst, der allerdings schon 1879 starb, ehe die Bauarbeiten dafür begannen. Wie seine Vorfahren wurde er deshalb zuerst in das Erbbegräbnis der Kirche zu Stegelitz überführt und am 30. Juli 1882 zum zweiten Mal in Suckow bestattet. Die Rede zur Einweihung der Grabkapelle und Beisetzung hielt der Superintendent und Pastor in Flieth, Rudolf Engels. Es sangen Kinder der Schule aus Stegelitz.

1907 folgte Rose von Arnim ihrem Gatten. Sie war in Nemischhof (Niemieńsko) im damaligen Kreis Arnswalde gestorben. Dieses 400 Hektar Ackerland, 4000 Hektar Wald sowie zwei Seen umfassende Waldgut hatte Georg Abraham nach der Geburt seines zweiten Sohnes, Jacob Vivigenz (1872–1917), preiswert erworben. Der Vorbesitzer hatte es gründlich ausgeschlachtet und alles verwendbare Holz geschlagen. Obwohl Nemischhof so billig war, mussten für seinen Kauf rund 100 Hektar Stegelitzer Forst gefällt werden. Wieder aufgeforstet, erhielt dieser bei Hessenhagen liegende Teil des Waldes wie auch die in der Nähe befindliche Försterei den Namen Neuland.

Nemischhof wurde zum Witwensitz für Rose von Arnim sowie ab 1897 auch zum Zuhause für den Zweitgeborenen, Jacob Vivigenz. Der hatte die Klosterschule Rossleben besucht und, da er aufgrund seiner Kurzsichtigkeit militärdienstuntauglich war, in Heidelberg Jura studiert und promoviert. Nach seinem Abschied aus dem Staatsdienst widmete der Junggeselle seine Aufmerksamkeit Nemischhof, wo er das von der Mutter erbaute Jagdhaus durch das renommierte Architektenbüro Ernst Paulus und Olaf Lilloe zu einem imposanten Schloss umbauen ließ. Auf einem Fundament und Sockel aus Feldsteinen erhob sich ein zweistöckiger in rotem Backstein ausgeführter Neubau, der

*Schloss Suckow 1928*

mit weißem Sandstein abgesetzt wurde. Ein gut 30 Meter hoher Turm diente in trockenen Zeiten der Waldbrandbeobachtung. Das Schlossensemble diente im Wesentlichen der Repräsentation. Es entstand ohne Wirtschaftshöfe.

*Grab von Georg Gustav von Arnim, verstorben im August 1945*

Als 1914 der Weltkrieg ausbrach und Jacob als Delegierter des Johanniterordens zum Roten Kreuz nach Genf und später an die Front ging, war der Schlossbau noch nicht fertig. Die Aufsicht über die Fertigstellung übernahm seine 1875 geborene

Schwester Rose Marie, deren Mann Bernhard Gustav Wilhelm Konrad Graf Finck von Finckenstein ebenfalls im Feld war. An Magenkrebs leidend, kehrte Jacob 1916 aus dem Kriegseinsatz zurück, ging nach Heidelberg und starb dort am 18. Oktober 1917 im Krankenhaus.

Nemischhof ging an den jüngsten Bruder von Jacob Vivigenz. Hans Abraham von Arnim wurde aber nicht Eigentümer, sondern nur Nutznießer. Jacob Vivigenz hatte nämlich 1908 auf Anraten seines Vaters Nemischhof als Familienfideikommiss eintragen lassen und, da er nicht verheiratet war, seinen erstgeborenen Neffen Hans Georg (1917–1968) als Erben bestimmt.

Hans Georg war das sechste von zehn Kindern, die der 1877 in Suckow geborene Hans Abraham mit seiner Frau hatte. Acht Töchter und zwei Söhne gebar Veronika von Buch, die älteste Tochter des Kammerherrn und Schlosshauptmanns von Buch auf Stolpe bei Angermünde, die seit 1908 mit Hans Abraham verheiratet war, ihrem Mann. Als Major aus dem Ersten Weltkrieg zurückgekehrt, wurde der zum Führer der Deutschnationalen Volkspartei im Kreis Arnswalde, des Kyffhäuserbundes, des Stahlhelms, zum Abschnittskommandeur des Grenzschutzes und zum Vorsitzenden des Brandenburgischen Waldbesitzerverbandes.

Als Hans Abraham 1930 an den Folgen eines doppelten Leistenbruches starb, übernahm der älteste Bruder, der Suckower Georg Gustav von Arnim, die Rolle des Vormundes bis zur Volljährigkeit seines Neffen Hans Georg, dessen Besitz sich 1933 erheblich im Wert verringerte, als ein Waldbrand 750 Hektar Forst vernichtete.

1945 musste Hans Georg beim Heranrücken der Roten Armee Nemischhof aufgeben. Er floh in den Westen und erhielt Ende der 1960er-Jahre in der Bundesrepublik einen Lastenausgleich für den Verlust. Nemischhof, das nach dem Krieg erst russisches Lazarett war, ging später in den Besitz des polnischen

Staatsforstes über und ist seit 1968 eine Bildungseinrichtung für geistig behinderte Kinder und Jugendliche, die sich allerdings baulich in einem sehr schlechten Erhaltungszustand befindet.

In der Uckermark wurden Ende der 1920er-Jahre die restlichen Särge der Suckower Arnims aus der Stegelitzer Kirche geholt. Sie fanden auf dem dortigen Friedhof ihre letzte Ruhestätte. Wo, das ist heute nicht mehr erkennbar.

Georg Gustavs Vater, Georg Abraham, war übrigens zweimal verheiratet. Die erste Ehe schloss er am 28. April 1863 mit Frieda von Gundlach. Allerdings hielt diese Verbindung nur knapp eineinhalb Jahre, dann wurde sie im Dezember 1864 geschieden. Frieda heiratete 1877 den Sohn des sächsischen Kriegsministers, Eberhard Graf von Fabrice. Sie starb 1899. Ihr Name überdauerte in der 1926 in der Schweiz errichteten Graf Fabrice, von Gundlach & Payne Smith-Stiftung, die sich seit 1950 der Unterstützung aller Arten von Tierschutzbestrebungen widmet.

Während der für Georg Abraham glücklicheren zweiten Ehe vollzogen sich in Suckow größere Veränderungen. Der Hausherr entfaltete eine rege Bautätigkeit, bei der das alte Torhaus zur Orangerie umgebaut wurde. Die alte war in den 1860er-Jahren samt der 30.000 Bände umfassenden Bibliothek im Obergeschoss einer Brandstiftung zum Opfer gefallen. Nur knapp 3000 Bücher konnten damals gerettet werden. Außerdem entstand eine gemauerte Pergola. Daneben wurde der Park einer Verschönerungskur unterzogen. Man verlängerte unter anderem den bereits vorhandenen Wassergraben, der von da ab auf drei Seiten das Schlossgrundstück umschloss. Die vierte Seite wurde vom Haussee begrenzt.

Dem Zeitgeschmack des 19. Jahrhunderts folgend, erhielt das Schloss nun auch ein neogotisches Aussehen mir Türmchen und Zinnen. Das Dach wurde ungedeckt. Statt roter Dachziegel verwendete man jetzt Schiefer. Vor der Ostseite des Schlosses entstand eine circa zehn bis zwölf Meter breite Terrasse, die durch eine Feldsteinmauer abgesichert wurde. Darüber hinaus baute man an dieser Seite eine Veranda an, die im Erdgeschoss offen war und deren Dach als Balkon für den Weißen bzw. Gartensaal diente. Auf der Westseite des Schlosses, wo der Mittelbau mit dem Nordflügel zusammenstieß, entstand ein Treppenturm. Außerdem schuf man einen Torbogen über der nördlichen Einfahrt zum Schlosshof, zwischen Brauhaus und Schloss.

*Blick auf das Schloss in den 1930er-Jahren*

Verbunden war diese Verschönerung mit der Verlagerung des alten Gutshofes. Außerhalb der nun entstandenen Schlossinsel und des Parks entstand ein moderner Landwirtschaftsbetrieb mit Ställen, Scheunen, Schmiede, Stellmacherei und einem Verwalterhaus, das übrigens Anfang 2009 für 100.000 Euro zum Verkauf angeboten wurde.

Georg Gustav, der letzte Eigentümer von Suckow vor der Bodenreform, wurde 1870 geboren. Er heiratete an seinem 23. Geburtstag in Berlin die von vielen umworbene Hulda Elisabeth

*Gut Suckow heißt heute zahlreiche Gäste willkommen.*

Anna von Versen (1872–1945), die Tochter des kaiserlichen Generaladjutanten und Kommandierenden des III. Armeekorps, Max von Versen. Drei Jahre später zog er mit seiner Frau nach Suckow, wo seine Mutter Rose und sein Bruder Jacob Vivigenz das Feld in Richtung Nemischof räumten. Vor dem Einzug der jungen Familie wurde im Schloss, das war zu dieser Zeit nicht selbstverständlich, Zentralheizung gelegt. Dafür verschwanden die alten Kachelöfen, die im Auftrag des Feldmarschalls Georg Abraham von Arnim zum Teil in den Niederlanden gefertigt worden waren, auf den Boden. Einen Teil der wertvollen Kacheln holte sich später der Sohn Georg Wilhelm, als dieser 1932 Hessenhagen vom Vater pachtete und in eigene Bewirtschaftung übernahm.

Während des großen Kaisermanövers in der Uckermark 1911 war im Schloss Suckow der Kronprinz mit seinem Stab untergebracht. 1913 wurde Georg Gustav zum königlichen Kammerherrn ernannt. Die Familie reiste viel, da Georg Gustav eine Vorliebe für Seereisen besaß. Außerdem war man öfters zur

Elchjagd in Norwegen, schaffte sich vor Kriegsausbruch ein Auto an. Während des Ersten Weltkrieges war Georg Gustav über zwei Jahre Kommandant der eroberten französischen Festung Le Quesnoy, die 1918 von neuseeländischen Truppen zurückerobert wurde. Da aber war Georg Gustav bereits aus dem aktiven Dienst ausgeschieden und daheim in Suckow.

Nach dem Krieg wurde das über Jahre stillgelegte Auto wieder instand gesetzt, um bequemer als mit der Kutsche oder der Eisenbahn reisen zu können.

Nach dem Tod von Georg Dietlof Graf von Arnim-Boitzenburg wurde Georg Wilhelm 1933 Vorsitzender des Arnimschen Familienverbandes. Während seines Vorsitzes fasste der Familientag den Beschluss, die Familiensatzung dahingehend zu ergänzen, dass in Zukunft die Heirat eines Mitgliedes des von Arnimschen Familienverbandes mit einer Jüdin den Ausschluss aus dem Familienverband zur Folge hat. Jüdin war danach eine Frau, die mehr als einen jüdischen Ahnen in der Reihe der acht Ahnen hatte. Hintergrund dieses Beschlusses, der freiwillig und ohne Not zwei Jahre vor Erlass der Nürnberger Rassengesetze erfolgte und über deren Festlegungen hinausging, war die Hochzeit Friedrichs von Arnim auf Blankensee bei Gerswalde mit der Jüdin Else von Simson.

*Schon zwei Jahre vor dem Erlass der Nürnberger Gesetzte fasste der Arnische Familienverband Beschlüsse, die über die Festlegungen der Nazis hinausgingen. Nur der Besitzer von Suckow, Georg Wilhelm von Arnim, hielt sich nicht daran.*

Trotz des Beschlusses des Familientages schnitt der Suckower Georg Wilhelm nicht seine neue Verwandte. Er, aber auch Wilhelm von Arnim-Lützlow und Detlev von Arnim-Kröchlendorff besuchten die Blankenseeer weiterhin. Vor Beginn des Zweiten Weltkrieges gab Georg Wilhelm den Vorsitz des Familienverbandes an Detlev von Arnim-Kröchlendorff ab.

Der Verkauf des Gutes Groß Kölpin und des dazugehörigen Vorwerkes Luisenhof für Siedlungszwecke an die Deutsche Ansiedlungsbank Berlin nach dem Ende des Ersten Weltkrieges brachte für Suckow nicht die erhofften Summen für eine große Sanierung. Die Inflation fraß den Veräußerungsgewinn auf, sofern er nicht in die schnell angepackte Elektrifizierung der anderen landwirtschaftlichen Betriebe, der Wohnungen der Arbeiter und Angestellten sowie des Schlosses Suckow geflossen war.

*Straßenbau 1928 am Vorwerk Luisenhof, das, wie das Gut Groß Kölpin, infolge der Inflation verkauft werden musste*

Den Eingang zum Suckower Tiergarten zierten einst
zwei auf Pfeilern ruhende Hische.

Der letzte Suckower Georg Gustav hatte mit seiner Frau vier Kinder, drei Töchter und den 1908 geborenen Sohn Georg Wilhelm, der der nächste Herr auf Suckow geworden wäre. Gut vorbereitet dafür war er. Ab 1927 hatte er die Landwirtschaft auf einem der Güter des Grafen Brühl in Pförten (Brody) in der Niederlausitz und später auf einem Gut in der Neumark gelernt. 1928 besuchte er die landwirtschaftliche Fakultät der Technischen Hochschule München in Weihenstephan, die er 1931 mit einem „sehr gut" abschloss. Unmittelbar nach dem Landwirtschaftsstudium folgte eine kaufmännische Ausbildung in einer Berliner Holzverwertungsgesellschaft, der auch Suckow angeschlossen war. Und 1932 folgte dann die Pachtung des väterlichen Gutes Hessenhagen. Das Unternehmen war allerdings nicht erfolgreich. Zum einen war der Boden nicht der beste, zum anderen wollte Georg Wilhelm einen gewissen Lebensstil aufrechterhalten, immerhin hatte er 1933 Therese Gräfin von Holtzendorff, die Tochter des sächsischen bevollmächtigten Ministers beim Reich, Hans Graf von Holtzendorff, als Gattin nach Hessenhagen geholt. Und zum anderen blieb der geringe Gewinn „an den Rädern hängen". Die Entfernung von zwölf Kilometern zur nächsten Bahnstation war zu weit, um die Produkte des Gutes außerhalb der Uckermark gewinnbringend zu veräußern. Georg Wilhelm konnte dem Vater die Pachtsumme nicht mehr bezahlen. 1935 übernahm Suckow den Betrieb in Hessenhagen finanziell, während Georg Wilhelm das Gut selbstständig weiter bewirtschaftete. Da sich die Lösung nicht auf Dauer aufrechterhalten ließ und das Gesetz für spätestens Ende 1938 die Auflösung der Familienfideikommisse beschlossen hatte, entschloss sich Georg Gustav zu einer Erbregelung. Er bestimmte Suckow, Stegelitz, Vossberg und Fergitz sowie die Forsten und Seen für Georg Wilhelm, Pfingstberg, frei von allen Belastungen, für die älteste, 1895 geborene Tochter Maximiliane (Maxi). Hessenhagen sollte verkauft werden und der Erlös für die Barabfindung der Tochter Alice und der Töchter der verstorbenen Tochter Marie Agnes (1903–1938) sowie für die Bezahlung der anfallenden Steuern und Kosten dienen. Hessenhagen wurde 1939 verkauft.

1942 verzichtete Georg Gustav unter bestimmten Bedingungen auf die landwirtschaftliche Verwaltung der Betriebe und übertrug sie auf seinen Sohn und Erben Georg Wilhelm, der, weil er wieder in den Krieg musste, einen neuen leitenden Beamten einstellte und die Bewirtschaftung neuen Beratungsorganen übertrug.

*Erinnerung an die Tochter Marie Anges Freifrau von Beschwitz, die mit 35 Jahren 1938 in einem Sanatorium in Dresden Weißer Hirsch starb*

*1945 musste Georg Gustav beim Herannahen der Roten Armee Nemischhof aufgeben.*

Zum Eintritt in das Erbe kam es dann nicht mehr. Die Rote Armee war schneller. Nachdem die Front an der Oder zusammengebrochen war, setzte sich der Suckower Treck in Marsch.

Hulda von Arnim kehrte im Juni 1945 nach Suckow zurück, Georg Gustav einen Monat später. Das Paar erkrankte an Paratyphus und während der letzte Suckower starb, musste Hulda Suckow auf Veranlassung der Besatzer verlassen. Sie zog zum Bauern Schröder nach Flieth und 1949 nach Berlin-Zehlendorf, wo sie 1954 entschlief und auf dem Waldfriedhof beigesetzt wurde.

*Lychen*

## Engel der Gnade

**Die Schwedin Elsa Brändström rettete während des Ersten Weltkrieges und danach mindestens 100.000 Kriegsgefangenen das Leben. Bei Lychen baute sie ein Heim für Kriegsheimkehrer auf.**

Vielleicht hätte der Film der TARA Movie Star Prodoctions geholfen, den Traum von Carola Klingelhöfer und Norbert Holefeld von einem Ferien- und Reiterhof vor den Toren Lychens wahr werden zu lassen. Gerne hätten die damaligen Inhaber der Schreibermühle einem Filmteam Hausrecht eingeräumt, sind beide doch von der Frau beeindruckt, deren Leben verfilmt werden sollte und die in besonderer Weise mit der Schreibermühle verbunden gewesen ist.

*Elsa Brändström*

*Die Schreibermühle 1922*

Aber der Entschluss der Produktionsgesellschaft, die Außenaufnahmen für „Gebot des Herzens" in Kanada zu machen, legte das Projekt auf Eis. Ob der Film jemals realisiert wird, steht in den Sternen. In dem geplanten Streifen sollte es um Elsa Brändström gehen, eine in St. Petersburg geborene Schwedin, die als „Engel von Sibirien" oder auch „Engel der Gnade" in den 1920er-Jahren weltberühmt war. Elsa Brändström wurde am 17. März 1888 als Tochter des Generals und Militärattachés Edvard Brändström und seiner Frau Anna Echelsson geboren. Bei Ausbruch des Ersten Weltkrieges erlebte sie in den Lazaretten des Nikolai-Hospitals in St. Petersburg

*Elsas Vater, General Edvard Brändström*

„„Arbeitssanatorium' für ehemals kriegsgefangene Deutsche,
Abt. Gut ‚Schreibermühle'", so die Worte hinten auf der Postkarte

das Elend russischer Verwundeter, aber auch deutscher und österreichischer Kriegsgefangener. Sie wollte helfen und ließ sich mit ihrer Freundin Ethel von Heidenstarn als Kriegsschwester ausbilden, um freiwillig Dienst in der zaristischen Armee zu tun. 1915 traten beide Frauen in den Dienst des Schwedischen Roten Kreuzes. Als dessen Delegierte reiste Elsa Brändström quer durch Russland bis in die entferntesten Gebiete von Sibirien. Sie versuchte das Los der Gefangenen zu erleichtern, denen es zum Teil sogar verboten war, Feuer in den Öfen zu machen. Sie sollten mit ihrer Körperwärme heizen und litten unmenschlich unter Kälte, Hunger und Krankheiten. Bis zu 80 Prozent der Kriegsgefangenen in russischen Lagern kamen zu Kriegsbeginn aufgrund der katastrophalen Zustände ums Leben. Den Kriegsgefangenen erschien die hochgewachsene blonde und blauäugige Schwedin mit ihrer tatkräftigen Hilfe – sie verteilte Lebensmittel, Decken, Medikamente, sorgte für benötigtes Geld, schuf Kontakte zu den Familien in der Heimat – wie ein Engel. Elsa Brändström ließ sich auch durch die Oktoberrevolution nicht abhalten, ihre Arbeit weiter zu verfolgen, obwohl Politiker wie Leo Trotzki sie warnten. Doch in Sibirien waren 1917 noch rund 200.000 Kriegsgefangene von der Welt abgeschnitten. Elsa Brändström wurde 1918 während eines Aufstandes von Tschechen verhaftet und als Spionin ins Gefängnis geworfen. Zwei Jahre später wurde sie in Omsk interniert und erkannte, dass sie das Land verlassen muss. Sie kehrte 1920 über Stettin nach Schweden zurück und rief mit ihrem Buch „Unter Kriegsgefangenen in Russland und Sibirien" sowie in Vorträgen die schwedische Bevölkerung zur Hilfe auf. Ein Teil der Spenden in Höhe von zweieinhalb Millionen Kronen ging sofort nach Sibirien. Mit dem anderen Teil erwarb sie 1922 das Moorbad Marienborn-Schmeckwitz bei Kamenz in Sachsen sowie die Schreibermühle in der Uckermark. Hier richtete sie ein Heim für die Resozialisierung traumatisiert heimgekehrter Kriegsgefangener ein. Zur Schreibermühle gehörten rund 100 Hektar Land, Felder, Wiesen, Weiden und Wald, das die ehemaligen Soldaten für die Selbstversorgung nutzten, indem sie Kartoffeln und andere Feldfrüchte anbauten und ein wenig Viehhaltung betrieben, was sich angesichts des täglichen Wertverlustes der Mark als nützlich erwies. 1923 unternahm Elsa Brändström eine sechsmonatige Vortragsreise in die USA, wo sie bei über 300 Vorträgen 100.000 Dollar sammelte, um ihre Heime auch durch die Zeit der Inflation zu bringen. 1931 verkaufte sie die Schreibermühle wieder und gründete die Elsa-Brändström-Werbegemeinschaft der Frauen, einen Fonds für Studiengelder für junge Leute, die einmal in dem von ihr unterhaltenen Kinderheim Neusorge gelebt hatten. 1932 gebar sie fast 44-jährig ihre Tochter Brita und 1934 emigrierte sie mit ihrem Mann, dem ehemaligen SPD-Ministerialreferenten im sächsischen Bildungsministerium Dr. Robert Ulrich, in die USA. Sie wollte sich nicht von den Nazis vereinnahmen lassen, die ihr eindeutige Angebote machten, zu denen auch eine Einladung Hitlers auf den Berghof gehörte. Als sich der Krieg seinem Ende näherte, sammelte sie Kleidung, Schuhe, Medikamente, um vor allem Kindern zu helfen. 1948 starb Elsa Brändström, an Knochenkrebs erkrankt, in Cambridge in den USA. Ihr Wunsch, Deutschland wiederzusehen, ging nicht in Erfüllung. Bis heute gibt es in Lychen keine Erinnerung an Elsa Brändström und ihr Wirken, obwohl dieser Frau nachgesagt wird, mindestens 100.000 deutschen und österreichischen Kriegsgefangenen das Leben gerettet zu haben. Der in Carwitz lebende Autor Dietmar Kruczek schrieb über sie den biografischen Roman „Eine Frau zwischen den Fronten".

*1951 erschien die Briefmarke mit Elsas Porträt in der Reihe „Helfer der Menschheit"*

## Johannes Scrivers Mühle

Die sich ursprünglich im städtischen Besitz befindliche Schreibermühle zwischen Lychen und Boitzenburg leitet ihren Namen von ihrem Eigentümer Johannes Scriver ab, einem Lychener Bürger, dem sie 1331 gehörte. Im Laufe der Jahrhunderte wechselte sie mehrfach den Besitzer und war bis zum Ende des 16. Jahrhunderts wiederholt Zankapfel, auch zwischen Brandenburg und Mecklenburg. Bis 1962 wurde auf der während des Barocks erbauten Mühle Korn gemahlen und sogar Strom produziert. Danach wurde sie zum Ferienheim und Kinderferienlager des VEB RFT Nachrichtenelektronik „Albert Norden" Leipzig ausgebaut. Nach der Wende kam sie für zwei Jahre an Siemens, bevor sie über die Treuhand verkauft wurde. Danach gab es über mehrere Jahre Bestrebungen, in der Schreibermühle eine Sozialstation mit Leistungsangeboten auf dem Gebiet der häuslichen Krankenpflege, der teilstationären Pflege, der Haushaltshilfe bzw. der Familienpflege einzurichten, aber auch, sie als Zentrum für Betreutes Wohnen auszubauen. Sämtliche Bemühungen scheiterten. Im Februar 2005 übernahmen Carola Klingelhöfer und Norbert Holefeld das Objekt, um dort ihren Traum vom Ferien- und Reiterhof umzusetzen. Neben preiswerter Übernachtung in vier Pensionszimmern und einem Bistro offerierten sie diverse Reitangebote, Reitunterricht und Workshops, Boots- und Kanuverleih. Ihr Traum ließ sich nicht verwirklichen. Sie mussten aufgeben.

Jetzt soll auf der Mühle ein Seniorenzentrum mit altersgerechten Apartments entstehen.

*Die Schreibermühle Mitte der 1970er-Jahre*

*Boitzenburg*

## Schillers Arnheim

**Er war ein enger Vertrauter Wallensteins. Sein Grab in der Dresdner Kreuzkirche wurde ein Opfer des Zweiten Weltkrieges. Seinen literarischen Ruhm zog er aber nicht aus dem Trivialroman „Frau Schatz Regine", den 1864 der Journalist George Hesekiel (1819–1874) veröffentlichte, sondern aus Friedrich Schillers Wallenstein-Epos.**

Gleich viermal erwähnt Friedrich Schiller in seiner Wallenstein-Trilogie den 1583 geborenen und 1641 verstorbenen Hans Georg von Arnim, der Briefe oder Dokumente wie die Urkunde zum Waffenstillstand von Schweidnitz 1633 selbst mit Hans Georg von Arnim unterzeichnete, für dessen Nachnamen sich aber auch Versionen wie Arnhaimb oder Arnheymb finden. Schiller nannte ihn in seinem 1799 vollendeten Dramen-Dreiteiler Arnheim. Am meisten zitiert dürfte in Bezug auf den Boitzenburger der Satz Terzkys zu Wallenstein aus dem 5. Auftritt des zweiten Aktes in „Die Piccolomini" sein: „Der Oxenstirn, der Arnheim, keiner weiß, was er von deinem Zögern halten soll." Diese Worte fanden sogar ihren Weg in das

*Generalfeldmarschall Hans Georg von Arnim, Schillers Arnheim, in seiner Wallenstein-Trilogie*

von den Brüdern Grimm begonnene und in 33 Bänden erst 1960 vollendete größte deutsche Wörterbuch.

Bei Ricarda Huchs „Der Krieg in Deutschland", einem Dreibänder von rund 1.500 Seiten aus den Jahren 1912–1914, ein episches Werk über den Dreißigjährigen Krieg, das gern mit Grimmelshausens „Simplicissimus" verglichen wird, legt die Schriftstellerin dem Boitzenburger Arnim die griechischen Größen Perikles und Thukydides in den Mund, um den staatsmännischen Grundsatz zu stützen, dass „Krieg nur als Mittel zum Frieden" anzusehen ist.

Auch Alfred Döblin geht sehr frei mit der Geschichte um. In seinem 1920 erschienenen Roman „Wallenstein" unterstellt der Autor in einer Art satirischer Beschreibung für die launische Bosheit seines Wallensteins dem Generalissimus sogar die Absicht, Arnim gefangen nehmen zu lassen. In keiner Zeile in überlieferten authentischen Briefen beider Protagonisten ist davon etwas zu finden. Das stellte auch Golo Mann fest, der 1971 seine Wallensteinbiografie vorlegte. Sie ist allerdings keine Präsentation von Forschungsergebnissen, sondern eine Geschichtserzählung, jedoch eine unter intensivster Quellenbenutzung entstandene. Der 1994 verstorbene Historiker, Schriftsteller und Philosoph nennt Arnim einen „Militär-Diplomaten" und charakterisiert ihn als einen, der auf eigene Faust zu einem Generalagenten der protestantischen Mächte während des Dreißigjährigen Krieges geworden ist. Und mit dieser Einschätzung trifft er so ziemlich ins Schwarze.

Hans Georg von Arnim hatte Boitzenburg von seinem Vater Bernd, Landvogt der Uckermark und Hofmarschall in Berlin, überschuldet geerbt. 1613 musste er aufgrund der auf dem Besitz lastenden Schulden, es waren 36.822 Taler, Konkurs erklären. Seine fünfjährigen diplomatischen Bemühungen für Gustav Adolf von Schweden bei der Brautwerbung um Maria Eleonora von Brandenburg, der ältesten Tochter des Kurfürsten Johann

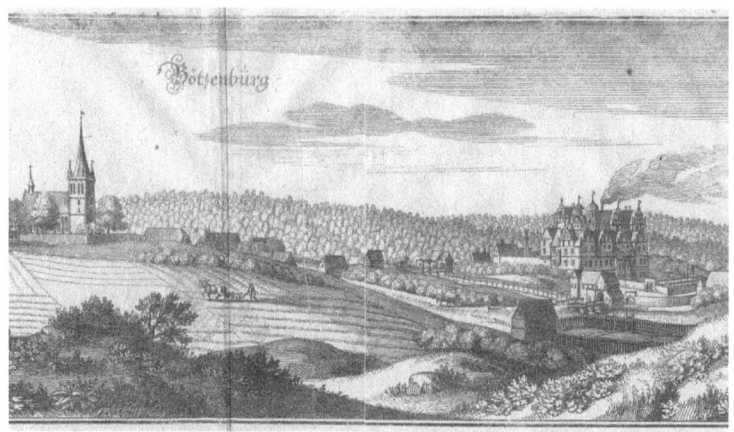

*Boitzenburg um 1630 auf einem Stich von Merian*

Sigismund und Schwester des ab 1619 neuen Kurfürsten Georg Wilhelms, die 1620 zur Hochzeit der beiden führten, brachten zwar viel Anerkennung, aber nur wenig Geld ein. So wenig, dass er beschloss sein Glück als militärischer Unternehmer, das heißt als Söldnerführer, zu versuchen. Und in den ersten Jahren schien ihm das finanzielle Glück auch hold. Als Oberst einer Truppe von 3000 Mann zu Fuß und 400 Reitern erhielt er 1621 vom polnischen König monatlich 37.600 polnische Gulden. Unter Wallenstein, dessen Angebot er 1627 annahm, weil er sich mehr Einnahmen versprach, wurde er Inhaber eines Infanterieregiments. Seine Aufgaben wuchsen, und damit sein Ruhm und auch die Größe der versprochenen Summen. Und reichlich Geld muss auch geflossen sein, denn Hans Georg von Arnim deckte seine Schulden bei dem ihn finanzierenden Berliner Handelshäusern Weiler und Essenbrücher, mit denen er reichlich Geschäfte machte, immer pünktlich ab. Trotzdem hatte er, als er 1629 seinen Rücktritt vom Kommando des kaiserlichen Hilfskorps im polnisch-schwedischen Krieg verkündete, noch offene Forderungen in Höhe von 26.450 Gulden gegenüber Wallenstein und dem Kaiser.

*Unter Wallenstein wurde Arnim 1627 Inhaber eines Infanterieregiments.*

Da nach der Entlassung des Herzogs von Friedland, seit 1628 auch Herzog von Mecklenburg, weder von Wallenstein, der ohnehin ein säumiger Zahler war, noch vom Kaiser als obersten Dienstherrn mit Zahlungen zu rechnen war, entschloss sich Arnim 1631 die Sache des Protestantismus zu seiner eigenen zu machen. Er wurde Feldmarschall des Kurfürsten von Sachsen, des reichsten Fürsten auf protestantischer Seite. Dass er sich über gute Einkünfte freuen konnte, geht aus den Kassenbüchern seines Geschäftspartners Essenbrücher hervor. Nach denen leistete der Berliner Händler und Bankier einem Leipziger Juwelier für eine goldene Kette und einige Silbersachen eine Abschlagszahlung in Höhe von 1000 Talern. Außerdem kaufte Hans Georg bei dem Juwelier Putini ein Kleinod für 650 Taler.

Als 1635 der Prager Frieden den Krieg zwischen dem Kaiser und der katholischen Liga auf der einen Seite und Kursachsen und den protestantischen Reichsfürsten beendete, fasste Arnim dies als Verrat auf, zumal er die Überzeugung besaß, dieser Frieden würde den Krieg nur verlängern. Er kündigte seinen Dienst beim Kurfürsten von Sachsen und zog sich nach Boitzenburg zurück. Er wollte seine eigenen Vermögensangelegenheiten regeln, besaß er doch Schuldscheine höchster Fürsten im Wert von 191.192 Talern. Das hätte gereicht, Boitzenburg komplett zu entschulden. Aber die Geldentwertung, die Inflation, machte ihm einen Strich durch die Rechnung. Seine Ansprüche lösten sich faktisch im Nichts auf.

*1631 wurde Arnim Feldmarschall unter dem sächsischen Kurführten Johann Georg I.*

Arnim, inzwischen als Gegner der schwedischen Politik verdächtigt und in den Augen des schwedischen Kanzlers Oxenstierna längst ein Feind geworden, hätte eigentlich in Ruhe auf Boitzenburg leben können, zumal ihm Essenbrücher aus Berlin

*1637 ließ der schwedische Kanzler Axel Oxenstierna Arnim aus Boitzenburg entführen.*

*Die Stuckdecke im Jagdsaal des Schlosses Boitzenburg soll durch Hans Georg von Arnim in Auftrag gegeben worden sein.*

allen Luxus lieferte. Zimt, Rosinen, Mandeln, Datteln, spanische Brezeln, Zitronen und anderes. Wenn da nicht der schwedische Kanzler gewesen wäre. Im März 1637 ließ dieser ihn während einer Nacht- und Nebelaktion, einem Kommandounternehmen der Leibkompanie des Marschalls Wrangel, unterstützt von 200 Musketieren, aus Schloss Boitzenburg entführen, erst nach Stettin und dann nach Stockholm bringen. Erst nach eineinhalb Jahren gelang ihm von dort eine abenteuerliche Flucht.

Sein letzter Lebensabschnitt war von diplomatischen Verhandlungen ausgefüllt. Sein Einsatz richtete sich jetzt gegen Schweden. Er übernahm auch wieder ein Kommando auf kaiserlicher Seite, bedang sich dabei allerdings die Religionsausübung nach lutherischem Bekenntnis aus, starb aber, ehe er aktiv werden konnte am 28. April 1641 in Dresden. An seiner feierlichen Beisetzung in der Kreuzkirche nahm der sächsische Kurfürst Johann Georg mit seinem Hofstaat teil.

Hans Georg von Arnim blieb unverheiratet. Sein Erbe wurde Kurt Ludolf von Arnim, der Sohn eines Cousins. Der starb 1648 und mit ihm erlosch die Familienlinie Alt-Boitzenburg. Entfernte Verwandte übernahmen den Besitz den 1630, 1631, 1633 und 1634 Moratorien, das heißt Aufschübe, vor einer Zwangsversteigerung bewahrt hatten.

*Die Arbeiten im Jagdsaal werden wandernden niederländischen bzw. italienischen Stuckateuren zugeschrieben.*

Wie und ob Hans Georg von Arnim die Ausgestaltung seines Schlosses zu dieser Zeit bezahlt hat, von der das Jagdzimmer mit seiner reich verzierten Stuckdecke erhalten blieb, dessen Stuckaturen an die Dekoration des Festsaales des Schlosses Güstrow erinnern, die 1620 vollendet wurden, bleibt sein Geheimnis.

Vielleicht kommt der Feldherr des Dreißigjährigen Krieges zurück nach Boitzenburg. Es gibt Bemühungen, eine Kopie des 1912 im schlesischen Liegnitz (Legnica) aufgestellten und seit 1962 in Wuppertal befindlichen Bronzedenkmals des Kriegshandwerkers für die Abrundung des Schlossensembles zu beschaffen. In Lauchhammer soll die Gussform von 1912 erhalten sein.

Das Arnim-Denkmal in Wuppertal. Eine Kopie davon soll für Boitzenburg besorgt werden.

Golo Mann: „Er lebte fromm, dass man ihn einen ‚lutherischen Kapuziner' nannte; trank nicht, wo seine Kameraden einander unter den Tisch soffen; bereicherte sich nicht, oder nur wenig; wo Andere Riesenvermögen erwarben; hörte gern die täglichen Ermahnungen seines Predigers Dr. Christopher Preisebius (1580–1651); betete mit seinen Soldaten vor jedem Waffengang (…); hielt auf Disziplin und Schonung der heimgesuchten Bürger wie kein anderer Kommandant."

Doch nicht nur frommer Kriegsmann war Hans Georg. Er war überaus gebildet, sprach fließend Französisch, Schwedisch und Latein und wurde 1635 durch den Fürsten von Anhalt Köthen in die Fruchtbringende Gesellschaft, die größte literarische Gruppe des Barocks aufgenommen und verfasste selbst Gedichte.

Des Krieges sind wir müde,
O, Herr, bescheer den Friede,
Danach verlang uns sehr,
Den Bauer noch viel mehr!

Womit er sich soll nähren,
Das thun wir ihm verzehren;
Er hat kein Kalb noch Kuh,
Kriegs große Schläge dazu!

So wird dem armen Bauer
Sein Leben lang blutsauer,
Es thut der Läng' kein Gut,
Daß wir sein Schweiß und Blut

Auffressen und aussaugen;
Der Krieg thurt nichts mehr taugen.
Darum, o lieber Herr,
Den Frieden uns bescheer.

*Georg Abraham von Arnim*

*Stolpe*

## Der Buch der Steine

Ein Buch und der „Grützpott". Das ist, kurz gesagt, Stolpe. Die einmal selbstständige Gemeinde ist seit ihrer und der Eingemeindung von weiteren 21 Dörfern am 26. Oktober 2003 zu einem Ortsteil von Angermünde degradiert. Und weil der Ort an der Hohensaaten-Friedrichsthaler Wasserstraße liegt, einem 1926 fertiggestellten Kanal, der weitgehend dem früheren Verlauf der Oder folgt, gewann die Mutterstadt einen Wasseranschluss an die große weite Welt. Dabei scheint die Zeit sich hier einige Ruhepausen gegönnt zu haben. Das Eingangstor zum Nationalpark Unteres Odertal mit seiner viel älteren Geschichte als Stolpe und in seinen jungen Jahren wohl auch mit der bedeutenderen Vergangenheit sieht an vielen Stellen noch immer so aus, als wäre es Romanvorlage für Ehm Welk gewesen. Der 1884 im benachbarten Biesenbrow als Sohn eines Bauern geborene Schriftsteller ist Ehrenbürger von Angermünde. Von den einen mit dem erzählenden „Hungerpastor" Wilhelm Raabe (1831–1910) und den anderen mit dem berühmten Gustav Freytag (1816–1895) verglichen, ist Ehm Welk vor allem durch seine Bücher „Die Heiden von Kummerow" (1937) und „Die Gerechten von Kummerow" (1943) bekannt. Und wahrlich, der Bürgermeister, jetzt Ortsvorsteher genannt, heißt wie einer der Welkschen Romanhelden: Grambauer. Allerdings nicht Martin, sondern Burkhard. Das muss nichts heißen, kann aber viel bedeuten. Den Namen Grambauer gibt es deutschlandweit am häufigsten in der Uckermark. Zehn von achtundzwanzig 2009 gemeldeten Grambauer-Telefonanschlüssen fanden sich rund um Angermünde.

In Stolpe könnte ein geschickter PR-Manager daraus Kapital schlagen. Doch ein solches Genie verschlägt es nicht an den

Fuß des „Grützpotts". Sonst würde der Ort über die Grenzen von Stadt und Land hinaus bekannt sein. Immerhin soll er über den dicksten Bergfried in ganz Deutschland verfügen. Achtzehn Meter beträgt der Außendurchmesser. Die Dicke der Ziegelmauern misst mehr als sechs Meter. Und wenn der Rekord nicht in die Uckermark gehört, dann ist der „Grützpott" immer noch einer der stärksten Bergfriede zwischen Elbe und Oder.

*Zu Leopold von Buchs Untersuchungsräumen gehörte auch der heimische „Grützpott", der den Rest eines mittelalterlichen Wohnturms der mittelalterlichen Burg Stolpe darstellt. Er gilt als Deutschlands wahrscheinlich stärkster Bergfried.*

Erbaut zwischen 1170 und 1190 war der rund 25 Meter hohe Turm, von dem etwa zehn Meter in der Erde stecken, der höchste Teil einer von Wällen umgebenen Burganlage mit Ringmauer und Torhaus. Als Baumeister werden die Dänen angenommen. Zum einen weil aus dem 12. Jahrhundert in der brandenburgischen Baukunst kein vergleichbares Bauwerk bekannt ist, zum anderen weil Stolpe damals zu Pommern gehörte und Stolpe direkt an der Grenze zwischen Pommern und Brandenburg lag. Der Bergfried wurde als wehrhaftes Wohngebäude errichtet, aber nur in einem Bereich zwischen zehn und vierzehn Metern für das Wohnen benutzt. Auf 79 Quadratmetern. Der untere Teil diente entweder als Vorratsraum oder als Verließ. Die über dem Wohnraum liegende Etage diente mit Brustwehr und Zinnen auf dem Wehrgang der Verteidigung. Von hier aus war es den Verteidigern möglich, die gesamte Burganlage mit Kurz- und Langbögen, Armbrüsten oder Wurfgeschossen zu beherrschen. Nach dem Abschluss des Vertrages von Landin, mit dem Pommernherzog Barnim I. die nördliche Uckermark bis zur Welse, Randow und Löcknitz gegen das halbe Land Wolgast eintauschte, wurde die Burg Stolpe Sitz eines Vogtes der Markgrafen Johann I. und Otto III. von Brandenburg. „Terra stolpensis" hieß ein eigenes kleines Ländchen innerhalb der Uckermark, das den Bereich einer Vogtei und einer Probstei umfasste. Diese Sonderstellung erleichterte die Verpfändung bzw. Veräußerung des Gebietes, das wiederholt von einer Hand in die andere kam. 1301 wurde das Land Stolpe an Mecklenburg verpfändet. Es kam zwar 1329 zurück an die Brandenburger, wurde aber bereits 1354 wieder durch den Wittelsbacher Markgrafen Ludwig der Römer an den Herzog von Pommern zur Erbhuldigung abgetreten. Damit hörte die Vogtei auf zu bestehen. In der Schlacht von Angermünde 1420 fiel das Land Stolpe zurück in die Hand des brandenburgischen Kurfürsten Friedrich I. Ein abgeschlossener Freundschaftsvertrag hielt aber nur wenige Jahrzehnte. 1444 drangen die Pommern wieder in die Gegend von Angermünde vor. Im Jahr darauf eroberte der Kurfürst Friedrich II. von Brandenburg, den man Eisenzahn nannte, die Burg Stolpe. Beim Kampf wurde der obere Teil der Burg weitestgehend zerstört. Die Trümmer bildeten eine meterdicke Schicht aus Schutt, die die Substanz des Turmrestes für Jahrhunderte schützen sollte.

Die Zerstörung der Burg in diesem heftigen Kampf ist auch Grundlage für eine Sage, die die Namen „Grützpott" erklärt. Als den Verteidigern die Munition ausgegangen war, sollen sie sich auf das fertigte Mittagessen, einen Grützbrei, besonnen haben und diesen hinab auf die Angreifer gekippt haben.

In einer zweiten Variante der Namensgeschichte steht ein Raubritter Tiloff, der auf der Burg gelebt haben soll, im Mittelpunkt der Überlieferung. Einmal hätte er einen aus Schlesien kommenden Kaufmann mit dicker Geldkatze ausspioniert und bei dessen Ritt durch den Stolper Wald mit gezogenem Schwert angegriffen. Doch der Kaufmann soll bereits über eine Pistole verfügt haben, geladen mit einem silbernen Knopf vom Kleid seiner Frau. Er schoss und traf den Raubritter mitten ins Herz. Als die Gefolgsleute des Ritters sahen, wie dieser tot vom Pferd fiel, flohen sie auf die Burg. Die Kunde vom Tod des verhassten Tiloff machte schnell die Runde in den umliegenden Dörfern. Bauern rotteten sich zusammen, um das Raubnest endgültig auszuheben. Die Burg hatten sie bald eingenommen, einzig der Bergfried widerstand. Die Verteidiger wehrten sich nach Kräften und, auch hier, mit dem fertigen Grützbrei. Der soll einem Stolper Schmied, der auf der obersten Leitersprosse stand und kämpfte, auf die Sturmhaube geschleudert worden sein. Mit den Worten „Den Grützpott war'n wi bald utschüren", schlug er mit einer Eisenstange die sich in zehn Meter Höhe befindliche Eingangstür ein und besiegelte damit das Ende des Raubnestes. Die Burg wurde geschleift, den dicken Bergfried aber, den man schnell zum „Grützpott" machte, ließ man als Mahnung stehen.

Unter pommerscher Herrschaft gelangte Stolpe, das in seiner ersten brandenburgischen Zeit 1286 Stadtrecht erhalten hatte, in die Hände der Familie von Buch. Erster Besitzer soll 1423 Gebhard von Buch gewesen sein. Nach der Eroberung und Zerstörung der Burg erhielt Hans von Buch 1446 Stolpe als Lehen. Die Buchs wurden Inhaber der Burg und Hofrichter im Land Stolpe. Als kurfürstliche Räte sah man sie häufig im Gefolge der brandenburgischen Landesherrn. Sie wurden reich und reicher und nutzten ihre herausragende Stellung, sich in der Uckermark einen großen Grundbesitz zu erwerben. 1690 veräußerten sie diesen aufgrund von großen Schulden wiederkaufsweise auf 25 Jahre. 1715 wieder eingelöst, blieb die Familie bis 1945 im Besitz von Stolpe.

*Schloss Stolpe einst und heute*

Die mittelalterliche Burganlage wurde, nachdem sie 1545 zum großen Teil zerstört worden war, zwar weiter als herrschaftliche Wohnung genutzt, allerdings nicht zu einem repräsentativen Wohnschloss ausgebaut. Die von Buchs erbauten sich am Fuße des Burgberges, direkt am Oderufer, zwischen 1545 und 1553 ein Herrenhaus im Übergangsstil von der Gotik zur Renaissance. Am 5. Februar 1917 brannte der größte Teil des Schlosses aus.

*Die Lithografie aus der Sammlung Duncker zeigt das Herrenhaus in Stolpe. Im Hintergrund ist der „Grüptzpott" zu sehen.*

Einzig ein südlicher barocker Seitenflügel, der in der ersten Hälfte des 19. Jahrhunderts durch Umbau aus einem Stallgebäude entstanden war, wurde nicht betroffen. Das Schloss, von dessen Hauptbau beim Brand noch der größte Teil der Mauern erhalten blieb, wurde 1921/1922 in schlichterer Form wieder aufgebaut. Das zeigt sich insbesondere bei den Fenstern, die nicht mehr die ursprüngliche Form aufweisen, sondern jetzt sämtlich rechteckig sind, sowie an der einfacheren Gestaltung des Zwerchgiebels über dem Haupteingang. Er zeigt zwar immer noch einen Renaissancecharakter, allerdings einen sehr bescheidenen.

*Leopold von Buch*

Das berühmteste Mitglied der Familie von Buch war der Geologe Christian Leopold von Buch. Der Freiherr wurde am 26. April 1774 im heimischen Schloss geboren. Sechszehnjährig ging er als preußischer Bergeleve nach Freiberg, wo er an der gerade einmal 25 Jahre alten Bergakademie, die nach so kurzer Zeit schon Weltruf genoss, studieren wollte. Geologen, Mineralogen und Bergleute aus ganz Deutschland und der Welt trafen sich dort. Bei seinem Lehrer Abraham Gottlob Werner, wo er wohnte, lernte er Alexander von Humboldt kennen. Beide wurden Freunde fürs Leben. Heute würde diese Freundschaft ausreichend sein, an Leopold von Buch zu erinnern. Der kleine Uckermärker ein enger Vertrauter des großen Humboldt. Doch solch eine Betrachtung wäre zu kurz gegriffen. In seinen späteren Lebensjahren würdigten Träger großer Namen ihn selbst als einen „Fürsten der Wissenschaft". Leopold von Buch war sehr ehrgeizig. Schon 1792 legte er drei erste geologische Arbeiten vor und erhielt dafür eine ministerielle Anerkennung. Ein Jahr später begab er sich zum Studium der Kameralwissenschaft, da heißt der Finanz-, Wirtschafts- und Verwaltungslehre, nach Halle. In Folge dieses Studiums reichte Leopold von Buch am 15. März 1796 die Bitte ein, ihm durch eine Anstellung im praktischen Bergbau die Gelegenheit zu geben, „dem Vaterland nützlich zu werden". Keine zehn Tage später erfolgte seine Ernennung zum Referendar beim schlesischen Oberbergamt. Im Laufe der darauf folgenden zwei Jahre entwickelte er sich aufgrund der ihm übertragenen Aufgaben zu einem begeisterten Geologen. Und von den Ergebnissen seiner Arbeit profitierte die sich entwickelnde schlesische Bergbauindustrie bei der Erschließung neuer Steinkohle- und Erzlager. Allerdings war Buch keine verwaltungstechnische Zukunft beschieden. Einer anlässlich seines Todes 1853 gehaltenen Gedächtnisrede der Deutschen Geologischen Gesellschaft ist zu entnehmen, dass er nie förmlich aus dem Dienst des Oberbergamtes entlassen wurde. Mitunter soll Buch selbst scherzhaft geäußert haben, der älteste Referendar der preußischen Bergwerkspartie zu sein. Im Winter 1797 begann er, die erste Zeit gemeinsam mit Alexander von Humboldt, weite Teile Europas zu bereisen. Dabei entwickelte er sich zum ersten geologischen Feldforscher. Sein Reisebericht über Norwegen, eine 1810 erschienene zweibändige Abhandlung über seine Wanderungen durch das Land der Fjorde sowie durch Lappland, wurde damals wie ein Roman gelesen. Humboldt schätzte seinen Freund als „genialen Menschen, der viel und richtig beobachtet", charakterisierte ihn aber auch als etwas sonderbar. „Gewöhnlich setzt er nach dem ersten Besuch die Brille auf und untersucht im äußersten Stubenwinkel die Sprünge im glacierten Ofen, auf die er ganz verpicht ist." Weil Buch ein sehr rational denkender Geist war, dürfte sein Interesse an den Sprüngen in Öfen einen Grund gehabt haben. Er selbst hat ihn nie genannt, aber schaut man auf die wissenschaftliche Leistung des Mannes, könnte man sie in Zusammenhang mit der Theorie des Plutonismus bringen. Folgte er als Schüler an der Bergakademie der Auffassung des Neptuniums, das heißt alle Gesteine seien hintereinander durch einen durch die Sintflut geschaffenen Ozean entstanden, wandte er sich später aufgrund von seinen Erkenntnissen der These des Plutonismus, heute als Vulkanismus bekannt, zu. Buch gelangte 1802 durch die Untersuchung erloschener Vulkane in Italien zur Überzeugung, dass die Gebirge durch Feuerkräfte im Erdinneren entstanden seien. Im Zusammenhang mit dem Streit der beiden Schulen wandte sich Leopold von Buch unter anderem der Fossilienforschung zu und prägte den Begriff „Leitfosssil". Findet man das gleiche Fossil im Sedimentgestein von verschiedenen Orten der Erde, sind die Gesteine annähernd gleich alt.

Der Freiherr aus der Uckermark, der die Einkünfte aus seinen Besitzungen freigiebig für seine wissenschaftlichen Untersuchungen einsetzte, hatte das Glück, schon zu seinen Lebzeiten wissenschaftliche Anerkennung zu finden. Bereits mit 31 Jahren wurde er 1806 Mitglied der Königlichen Akademie der Wissenschaften. Er erhielt Ehrendoktorwürden der Universitäten Halle und Bonn, wurde 1842 mit dem erstmals vergebenen Pour le mérite für Wissenschaften und Künste ausgezeichnet sowie mit der Wollaston Medal der Geologischen Gesellschaft von London.

Das alte Stolpe

Von Buch stammt auch die erste vollständige geologische Karte Deutschlands, veröffentlicht 1826.

Doch Leopold von Buch, der mit seinem Freund Humboldt 1848 zu den 13 Gründungsvätern der Deutschen Geologischen Gesellschaft zählte, hatte nicht nur wohlwollende Freunde und Bewunderer, sondern auch namhafte Gegenspieler. Der bekannteste dürfte der Dichterfürst Johann Wolfgang von Goethe gewesen sein, der an den Standpunkten des Neptunismus festhielt. 1822 trafen die beiden sich in Marienbad. Der große Meister erwähnt dieses Treffen in einem Brief an seinen Sohn August: „… Einen merkwürdigen Besuch darf ich nicht vergessen. Herr v. Buch, der Welt-Bereiser, kündigte sich gleich als Ultra-Vulkanisten an und suchte, diplomatisch genug, mich zum Gespräch zu verleiten; aber vergebens, und so ward denn mit dem ersten Geologen von Deutschland kein geologisches Wort gesprochen."

Wer weiß, welchen Wert ein geologisches Gespräch zwischen beiden für die Literaturwissenschaft gehabt hätte. Immerhin beschäftigte der Streit zwischen Vulkanisten und Plutonisten den Meister des Wortes über viele Jahre. Im 4. Akt des zweiten Teiles seines 1808 erschienenen „Faust" spielt die Auseinandersetzung eine Rolle, wobei Mephisto, „der Geist der stets verneint" und das Prinzip der Negation darstellt, die Auffassung Leopold von Buchs vertritt:

> „Wir fanden uns bei allzu großer Hellung
> In sehr gedrängter, unbequemer Stellung.
> Die Teufel fingen sämtlich an zu husten,
> Von oben und von unten auszupusten;
> Die Hölle schwoll von Schwefelstank und -säure,
> Das gab ein Gas! Das ging ins Ungeheure,
> So dass gar bald der Länder flache Kruste,
> So dick sie war, zerkrachend bersten musste."

*Standbild Leopold von Buchs auf dem Universitätspalais in Strasbourg*

Zu Leopold von Buchs Untersuchungsräumen zählte auch der heimische Grützpott. Nicht eindeutig belegt, aber anzunehmen ist es, dass die Turmruine in seinem Auftrag einen zweiten unterirdischen Eingang erhielt. Immerhin geschah das zu seinen Lebenszeiten. Sicher aber ist, dass er am Fuße des Grützpotts botanische Studien betrieben hat. Als er sich 1811 längere Zeit in Stolpe aufhielt, kartierte er die Pflanzen seines Heimatortes. Es entstand ein botanisches Tagebuch, das allerdings bis heute verschollen ist.

*Standbild des Leopold von Buchs über dem Eingangsbereich des Museums für Naturkunde in Berlin. Bildhauer: Richard Ohmann*

Gestorben ist Leopold von Buch am 4. März 1853 nach kurzer Krankheit in Berlin. Nach Stolpe überführt fand er seine letzte Ruhe auf dem Friedhof der Familie inmitten des 1845 angelegten und von Peter Joseph Lenné geplanten Schlossparks. Nach dem Ende des Zweiten Weltkrieges wurde die Familie von Buch vertrieben, der Stammsitz verstaatlicht, erst als Jugendwerkhof und dann als Kinder- und Jugendheim genutzt. Ab 2006 war das Hauptgebäude ungenutzt. 2012 öffnete sich mit der Unterbringung von autistischen Kindern eine neue Perspektive.

Die Familiengrabstätte erfuhr keine staatliche Aufmerksamkeit. Nach der Wende gehörte sie der staatlichen Stiftung Großes Waisenhaus zu Potsdam. Die aber sah sich nicht in der Lage, dringende Sanierungs- und Rekonstruktionsmaßnahmen durchzuführen und bot sie deshalb der Deutschen Gesellschaft für Geowissenschaften zum Kauf an. Die erwarb sie zu einem symbolischen Preis. Mit Spenden und Fördermitteln soll das 7300 Quadratmeter große Grundstück wieder würdig hergerichtet werden. Im nahegelegenen Schloss soll eine Ausstellung über von Buch und seine Leistungen sowie die Geologie informieren und damit das Projekt Märkische Eiszeitstraße bereichern.

Den Namen Leopold von Buchs tragen nicht nur Straßen in seinem Heimatdorf sowie in der Hauptstadt, sondern auch eine Fuchsienart, ein 1998 in Betrieb genommener ICE der Deutschen Bahn, der Verein Berlin-Brandenburgische Geologie-Historiker sowie ein Krater auf dem Mond. Die Deutsche Gesellschaft für Geowissenschaften verleiht seit 1946 in Würdigung herausragender wissenschaftlicher Leistungen in den Geowissenschaften die Leopold-von Buch Plakette, seit 1952 nur noch an Ausländer.

In Großraming in Oberösterreich erinnert seit 1856 ein mehr als fünf Meter hoher Findling, der einen Basisumfang von über 49 Metern aufweist, an Leopold von Buch. Wie ihn der Bildhauer Richard Ohmann (1850–1910) sah, zeigt ein Standbild des berühmten Geologen auf dem linken Eckrisalit über dem Eingangsportal zum Museum für Naturkunde in Berlin-Mitte.

Sein Freund Alexander von Humboldt ehrte ihn mit den Worten: „Leopold von Buch gehörte nicht allein unter die größten Berühmtheiten unserer Zeit, sondern besaß das schönste und edelste Gemüt. Er ließ eine leuchtende Spur zurück, wohin er nur zog. Er durfte sich rühmen, das Gebiet geologischen Wissens am meisten erweitert zu haben, immer im unmittelbaren Verkehr mit der Natur."

Die Tatsache, dass es in Südaustralien einen Ort namens Buchfelde gibt, soll auch mit Leopold von Buch zu tun gehabt haben. Finanziell soll er Auswanderer unterstützt haben, die Mitte des 19. Jahrhunderts eine neue Zukunft auf dem fünften Kontinent suchten.

*Das Erbbegräbnis von Buch in Stolpe steht unter Denkmalschutz.*
*Foto: Wikipedia/Clemens Franz*

*Groß Fredenwalde*

## Tot gesagte Haudegen leben länger

Seit 1473 ist der mittelalterliche Wallfahrtsort Groß Fredenwalde mit der Familie von Arnim verbunden. Dort geboren, machten sich ein General, ein Professor und Rektor, eine Schriftstellerin und ein Politiker einen Namen.

Die von Arnims und die Uckermark sind eine Einheit. Der Name des Geschlechts begegnet historisch Interessierten fast überall. Das ist kein Wunder: Um 1800 besaß die große Familie 73 Orte komplett und Teile von zehn weiteren. Das waren gut ein Viertel aller mittelalterlichen Ortschaften und Feldmarken der Uckermark beziehungsweise 40 Prozent des ritterschaftlichen Gesamtbesitzes in diesem Landstrich.

Auch Groß Fredenwalde gehörte dazu. Historiker nehmen an, dass der Ort als Gründung derer von Stegelitz, die zwischen 1269 und 1473 als Herren von Fredenwalde genannt werden, unter pommerscher Herrschaft entstanden ist. Die von Stegelitz stammten aus der Altmark. Sie waren Vasallen der Brandenburger Markgrafen und kamen mit ihnen ins Havelland. Als die Markgrafen die Länder Teltow und Barnim in Besitz nahmen, erhielten die von Stegelitz im Teltow mehrere Dörfer als Lehen, darunter 1232 auch das heute Berlin-Stegelitz.

Nach Inbesitznahme der Uckermark 1250 finden sie sich häufig im Gefolge der Markgrafen, wie Urkunden belegen.

1259 verlieh Heinrich von Stegelitz dem ihm gehörenden Ort Brüssow im Stil eines Fürsten Prenzlauer Stadtrecht. Zehn Jahre später stiftete er in Flieth, im Zentrum der ihm gehörenden Herrschaft, ein Nonnenkloster. Vom eigenen

Sendungsbewusstsein getragen, bezeichnete er sich dabei selbstherrlich als „von Gottes Gnaden". Das stand eigentlich nur seinem Markgrafen zu. Heinrich von Stegelitz sollte aber nicht nur einen Ort gründen. Er hatte das zur Besiedlung freigegebene Land einer ganzen Region aufzuteilen, zu vermessen und zu verwalten.

Das von ihm geschaffene eigene Reich im Herzen der Uckermark umfasste etliche Dörfer und Feldmarken. Dazu kamen Mühlen sowie Burgen in Brüssow und Groß Fredenwalde. Von beiden existieren noch Graben- und Wallreste, in beiden Fällen knapp 150 Meter neben den später errichteten Gutshäusern gelegen. In Stegelitz sowie in Groß Fredenwalde verfügte Ritter Heinrich von Stegelitz über Kirchen. Beide waren, das ist einmalig in der Uckermark, mit acht Pfarrhufen, das heißt doppelt so viel wie üblich, ausgestattet.

*1731 wurde das Schloss Groß Fredenwalde auf Veranlassung von Alexander Magnus von Arnim errichtet.*

1473 verkaufte Henning von Stegelitz das Gut an den kur-brandenburgischen Rat Bernd von Arnim aus dem Hause Zehdenick. Seine Linie starb im Dreißigjährigen Krieg aus. 1657 erwarb Curt von Arnim aus dem Haus Götschendorf Groß Fredenwalde nach einem Konkurs. Seine Nachkommen starben 1847 aus. Das führte 1856 zur Erbteilung. Dadurch erhielten die Söhne des Rittmeisters Bernd Ludwig von Arnim auf Temmen die Güter Groß Fredenwalde und Albertinenhof. Im Jahr darauf übernahm sie Friedrich Wilhelm Georg Ferdinand von Arnim, der dritte der Temmener Söhne, der im gleichen Jahr seine Cousine Adelheid von Arnim aus dem Haus Milmersdorf heiratete.

Hans von Arnim war Professor an drei Universitäten. Nach ihm ist in Wien eine Straße benannt.

Aus dieser Familie stammt der am 14. September 1859 geborene klassische Philologe Hans von Arnim. Er wirkte als Professor in Rostock, Wien und Frankfurt/Main, wo er 1916/17 zum Rektor ernannt wurde. Sein 1931 erschienenes Alterswerk war der Entstehung der Gotteslehre des Aristoteles gewidmet. 1931 starb er in Wien. Im gleichen Jahr erschien eine von der Wissenschaft als vorbildlich bezeichnete Übersetzung von zwölf Tragödien des Euripides, die Hans von Arnim mit einer Lebensbeschreibung des Dichters einleitete. In Wien wurde 1954 die Arnimgasse im 21. Bezirk nach ihm benannt.

Auch seine 1863 auf Groß Fredenwalde geborene Schwester Eva Adelheid erlangte Bekanntheit. Sie schrieb Novellen und Romane. Während von letzteren nicht einmal mehr die Titel bekannt sind, haben die 1891 erschienene Erzählung „Hallali", das 1894 veröffentlichte „Märchen vom Goldenen Schlüssel" sowie die 1898 herausgekommene Novelle „Dem Tag entgegen" breitere Anerkennung gefunden. Eva Adelheid von Arnim betätigte sich auch als Herausgeberin.

1910 veröffentlichte die Fontane-Kennerin die über einen Zeitraum von 40 Jahren geschriebenen Briefe Bernhard von Lepels an seinen Freund Theodor Fontane. Lepel, der 1818 in Meppen bei Hannover geboren wurde und dessen Mutter aus Grischow bei Altentrep-

*An Friedrich des Großen General Alexander Wilhelm von Arnim erinnert das klassizistische Grabdenkmal an der Groß Fredenwalder Kirche.*

tow stammt, reiste mit Fontane durch Schottland und begleitete ihn häufig auf den Wanderungen durch die Mark Brandenburg. 1885 starb er im Rang eines Majors in Prenzlau, nachdem er dort zuletzt als Chef die Provinzial-Invalidenkompanie im Rang eines Hauptmanns geführt hatte.

Im Rang eines preußischen Generalleutnants starb 1809 Alexander Wilhelm von Arnim. Das verrät sein klassizistisches Grabdenkmal in Groß Fredenwalde, das von einem Ritterhelm gekrönt ist. Der Sohn des Alexander Magnus von Arnim (1688–1753) wurde 1738 im 1731 errichteten Herrenhaus geboren. Der Vater hatte bei seinem Tod ein Sach- und Geldvermögen von gut 42.000 Reichstalern hinterlassen, dazu Schulden von fast 21.000 Reichstalern.

*So sahen 1806 die Uniformen des von Generalmajor Alexander Wilhelm von Arnim befehligten Infanterieregiments Nr. 13 aus, das seit 1794 den Namen von Arnim trug und in Berlin stationiert war.*

Alexander Wilhelm machte beim Militär Karriere, wurde als Ritter des großen Roten Adlerordens ausgezeichnet und 1794 im Rang eines Generalmajors zum Chef eines in Berlin stehenden Infanterieregiments befördert. Über 53 Jahre diente er in der Armee. Er wohnte allen Schlachten des Siebenjährigen Krieges bei, größtenteils im Gefolge Friedrich II. In Roßbach wurde er am 5. November 1757 verwundet. Einen Monat später stand er am 5. Dezember 1757 bei Leuthen wieder auf der Verwundetenliste. Auch während der für Preußen vernichtend endenden Doppelschlacht von Jena und Auerstedt 1806 wurde der Veteran des Siebenjährigen Krieges bei Auerstedt getroffen. Zeitungen berichteten damals, dass der General in der Schlacht geblieben sei. In Groß Fredenwalde hielt man daraufhin am 26. Oktober 1806 eine Leichenpredigt. Während der Pastor das Dorf verließ, rollte auf der anderen Seite die Karosse des totgesagten General ohne Begleitung an.

Dass Alexander Wilhelm ein Haudegen von echtem Schrot und Korn war, verrät die Episode, wie er Rheinbundtruppen daran hinderte, auf seinem Besitz Quartier zu beziehen. Ein Satz von ihm reichte, die Gefahr abzuwenden und auf das benachbarte Stegelitz abzuwälzen. Das Dorf sei „blutarm", ließ er ausrichten – die Soldaten zogen weiter. 1807 wurde Alexander Wilhelm von Arnim aus dem aktiven Militärdienst verabschiedet. Zwei Jahre später starb er in Berlin. Ausschlaggebend soll die bei Auerstedt erhaltene Verwundung gewesen sein.

Fünf Jahre nach seinem Tod wurden im benachbarten Stegelitz erste Wegweiser errichtet. Sie wiesen nach Gerswalde und Groß Fredenwalde. Allerdings sollten sie keinen Wanderern den Weg zeigen, sondern Landwehrmännern. Der Kampf gegen Napoleon hatte begonnen.

Übrigens kehrte nach der Wende der 1943 im Schloss geborene Alard von Arnim aus dem Emsland in die Heimat zurück und bewirtschaftete als Landwirt das alte Familiengut. Zehn Jahre saß er für die CDU von 1999 bis 2009 als uckermärkischer Abgeordneter im Brandenburger Landtag. Am 2. Oktober verstarb er an einer schweren Krankheit.

Alard von Arnim (l) im Gespräch mit Hans-Georg von der Marwirtz
Foto: Brandenburgische landeszentrale für politische Bildung/Mathias Marx

*Herzfelde*

## Ein neues Sanssouci

**Ein Berliner Holzhändler ließ sich 1908 ein pompöses neobarockes Schloss bauen, von Berlins ältestem Gartenbaubetrieb eine Parkanlage nach Potsdamer Vorbild schaffen und machte aus seinem uckermärkischen Landwirtschaftsbetrieb ein Mustergut der Provinz Brandenburg.**

„Sanssouci" gibt es nicht nur in Potsdam – seit 100 Jahren gibt es einen eindrucksvollen Park „Ohne Sorge" auch 15 Kilometer südlich von Templin. Denn als der Berliner Kommerzienrat Max Francke sich das Schloss Herzfelde nach Plänen des Architekten Risse als Sommersitz bauen ließ, beauftragte er die renommierte hauptstädtische Gartenbaufirma Ludwig Späth mit der Anlage einer mehrere Hektar großen Parkanlage nach dem Potsdamer Vorbild. Die Gärtnerei Späth besaß eine

*Das Schloss auf einer 1919 erschienen Postkarte*

*Die Parkseite um 1914*

200-jährige Erfahrung. Sie war 1720 vor dem Halleschen Tor von Christoph Späth gegründet worden. Aus ihr entwickelte der 1793 geborene Ludwig Späth das anerkannte Gartenbauunternehmen, Berlins ältesten Gewerbebetrieb, dem die Hauptstadt unter anderem den Namen Baumschulenweg verdankt. Ludwig Späth schränkte die Gemüsezucht zugunsten der Aufzucht von Blumen und Topfpflanzen ein. Er führte Pflanzen in nichtpreußische Provinzen aus und verschickte 1856 erstmals Preisbücher ins In- und Ausland. Sein Nachfolger Franz Späth, der Gartengestalter von Herzfelde, studierte nach Abschluss der Lehre den ausländischen Gartenbau in Belgien, Frankreich, England und Holland. Er wollte den väterlichen Betrieb zur größten Baumschule der Welt ausbauen. 1896 hatte Franz Späth, der inzwischen rund 180.000 Bäume jährlich veredelte und 100.000 Alleebäume zog, seiner Baumschule eine Abteilung Gartengestaltung angegliedert. Seltene Pflanzen und Gehölze für Herzfelde kamen nicht nur von Späth aus Berlin. Der Bauherr brachte sie auch von ausgedehnten Reisen als Holzkaufmann mit. Im Park, der dem Anliegen „bewohnbarer Aufenthalt im Freien" gerecht werden musste, finden sich Sumpfzypressen, Tulpenbäume, Esskastanien, Schwarzkiefern und Haselnussbäume. Das Zusammenspiel von Park und Schloss, errichtet im damals gerade aus England „importierten" Landhausstil, kennzeichnet das Areal. Die Symmetrie des Herrenhauses setzt sich in der West-Ost-Achse fort. Die axiale Gliederung wird durch Wege und Treppen von der Terrasse zum vorgelagerten Teich eingehalten. Der Bauherr zeigte mit dem Ensemble sein Bemühen um die Verknüpfung von Tradition und Moderne.

*Die Parkseite mit der oberen Terrasse um 1914*

Max Francke war der Enkel des Firmengründers David Francke. Nachdem er 1831 das Spandauer Bürgerrecht erworben hatte, baute er in der Holzmarktstraße die Firma „David Francke Söhne" auf, in der Möbelnutzholz und Furniere verarbeitet wurden, aber auch Mahagoni und Elfenbein. 1845 expandierte das Unternehmen auf zwei nahe gelegenen Grundstücken in der Mühlenstraße, wo Berlins erstes Sägewerk entstand. 1853 wurde in Hakenfelde seine Dampfschneidemühle errichtet, ein großes Sägewerk mit sechs Vollgattern, die einen großen runden Baum mit zehn Sägen gleichzeitig zu zehn Brettern schneiden konnten, und drei einfachen vertikalen Sägen. 1846 wurde Francke als stellvertretender Stadtverordneter gewählt. Nachfolger im Geschäft wurde um 1860 der 1823 geborene Sohn Carl Ernst

Francke. Er hatte seine Ausbildung im väterlichen Geschäft absolviert. Bei seinem Tod 1895 hinterließ er seinen Söhnen Max und Arthur ein gesundes Unternehmen, das diese um 1900 um Filialen am Maybachufer, heute Neukölln, und in der Hoffmannstraße, heute Treptow-Köpenick, erweiterten. Die Franckes betrieben für ihre Holzhandlung sogar einen eigenen Hafen, sozusagen den Vorläufer des heutigen Osthafens. 1938 wurde der letzte Franckesche Holzbetrieb, das Franckesche Säge- und Furnierwerk, stillgelegt. Das Unternehmen fungiert heute als Immobilienfirma in der Lietzenburger Straße 62 in Charlottenburg. Max Francke, geboren 1866, hatte das uckermärkische Rittergut am 1. Juli 1907 erworben. Am gleichen Tag brannten durch Blitzschlag die Scheune und Stellmacherei ab. Das aber war nicht maßgebend für den einsetzenden Bauboom. 1908 begann der Bau des neobarocken Schlosses, bei dem bis zu 400 Maurer und Erdarbeiter beschäftigt waren. Für den Materialtransport sowie den schnellen und günstigen Transport landwirtschaftlicher Erzeugnisse an die Bahnverbindung Prenzlau-Templin ließ Francke eine Schmalspurbahn (Feldbahn) von Herzfelde nach Kreuzkrug errichten, die elektrisch betrieben und 1918 außer Verkehr gesetzt wurde. Den Strom dafür sowie für die gesamte Versorgung des Gutes ließ er von schweren Lokomobilen, also von Dampfmaschinen, produzieren. Unter Einsatz neuester Erkenntnisse aus der Landwirtschaft entwickelte er Herzfelde, zusammen mit den ebenfalls gekauften Vorwerken Uhlenhof, Annenhof und Steinhausen, zu einem Mustergut in der Provinz Brandenburg. Franckes „sorgenloser Ort" besitzt die klassische Form einer Dreiflügelanlage. Im repräsentativen Mittelbau, dem eigentlichen Wohnhaus, brachte er eine umfangreiche Bibliothek, einen Musiksaal mit Zugang zur Terrasse und darüber die Wohn-, Schlaf-, Gäste- und das Jagdzimmer einschließlich dazugehöriger Bäder unter. Die Seitenflügel nahmen die Zimmer für die Bediensteten, eine großzügige Küche, Wirtschaftsräume und die Wagenremise auf. Nach dem Ende des Zweiten Weltkrieges diente das Schloss zuerst der Unterbringung von rund 200 Flüchtlingen, danach war es bis 1966 Kreisparteischule der SED. Nach Übernahme der Rechtsträgerschaft durch die Abteilung Volksbildung des Kreises Templin wurde es zum Kinderheim. 1991 gab man diese Nutzung auf. Die Anlage stand lange leer und um den Verkauf wurde viel gepokert. Der bekannteste Aspirant für den Erwerb war der Maler, Grafiker und Bildhauer Professor Markus Lüpertz. Gekauft und saniert hat die Anlage 1994 schließlich der Berliner Unternehmer Lutz Krüger. Er vermietet das Schlossensemble nur komplett an größere Gruppen. Für Hochzeitsfeiern, Jagdgesellschaften, Events und Feiern aller Art, als Location für Filmaufnahmen oder für Tagungen und Seminare. Gut betuchte Privatleute oder selbständige Unternehmer gehören zu den Kunden. Aber auch das Außenministerium zeigte sich schon begeistert, vor allem auch wegen des geringen Aufwandes der notwendig ist, das rund 20 Hektar große Gelände bei Veranstaltungen zu sichern. Der Park ist innerhalb bestimmter Uhrzeiten für Besichtigungen geöffnet.

*Schloss Herzfelde ist seit 2013 Kulisse für die SAT1-Show „Das große Backen"*
*Foto: Fotolia/Increa*

*Arendsee*

## Ein Heller und ein Batzen

**Albert von Schlippenbach aus Arendsee ist ein vergessener Volksliedichter. Darüber hinaus war er ein Pionier des Obstanbaus in Norddeutschland. Sein Schloss fand nach der Wende mit der Familie Hans Kleissl neue Hausherren aus Bayern, die es mit großem finanziellem Aufwand und viel Liebe zum Detail restaurierten.**

Der vierjährige Bau des neogotischen Herrenhauses ab 1839 in Arendsee hat viele Heller und Batzen gekostet. Es könnten für den Bauherrn Albert Ernst Ludwig Carl Graf von Schlippenbach sogar zu viele gewesen sein. Ein Indiz dafür sind die vom Geheimen Oberhofbaurat Friedrich August Stüler gemachten Pläne. Nach Familienüberlieferung sollen die Entwürfe wesentlich prachtvoller gewesen sein. Der frisch verheiratete Graf, der seiner jungen Gattin, Emma Gräfin Scheel-Plessen (1811–1880) aus Sierhagen in Holstein, ein standesgemäßes Zuhause bieten wollte, ließ aber nur die Hälfte der Pläne umsetzen. Trotzdem kann sich das, was entstand, noch heute sehen lassen. Zumal das Haus dank seiner neuen Eigentümer auch wieder über

*Carl Ludwig Ernst Albert Graf von Schlippenbach*

den mehr als 30 Meter hohen Turm verfügt, der nach dem Krieg aus ideologischen Gründen abgerissen werden musste, um wenigstens den Rest des Hauses vor dem Abbruch zu retten.

Albert von Schlippenbach bewies nach der Übernahme des hoch verschuldeten Familienbesitzes eine glückliche Hand. Er hatte nach dem Tod des Vaters Carl Friedrich Wilhelm Graf von Schlippenbach 1830 einen vom Verstorbenen geäußerten Wunsch erfüllt und den großen, aber heruntergewirtschafteten Besitz übernommen, der fast 7000 Hektar Land umfasste, auf denen 2450 Menschen lebten und zu dem mit Schönermark, Schapow und Güstow drei Bauerndörfer gehörten. Seine ganze Kraft setzte er in den Wiederaufbau der Familiengüter. 1848 vereinte er die sieben Gutsbesitze im von ihm gestifteten Majorat Schönermark, um das Erbrecht nach dem Prinzip der Erstgeburt zu sichern und den Besitz auch über Generationen zusammenzuhalten. In Schönermark war die Grafenfamilie seit dem 17. Jahrhundert ansässig. Nach der Plünderung ihres Schlosses durch die Franzosen 1806 zog sie es allerdings vor, auf dem zu Schönermark gehörenden Vorwerk in Arendsee zu leben.

*Schloss Arendsee auf einer Lithografie aus der zwischen 1857 und 1883 herausgegebenen Sammlung von Alexander Duncker, Fotografien vom Beginn der 1930er sowie vom Ende der 1980er Jahre und aus dem August 2016.*

*Der Architekt des Schlosses, Friedrich August Stüler*

Albert von Schlippenbach wurde am 26. Dezember 1800 als vierter Sohn und sechstes Kind von insgesamt 18 Geschwistern im Prenzlauer Stadthaus der Familie geboren, er besuchte das Werdersche Gymnasium in Berlin und begann 19-jährig ein Jurastudium in Göttingen, das er später in Berlin fortsetzte. Schlippenbach galt als lockerer Student. Als er beispielsweise während eines akademischen Festaktes im Karzer saß, pochte er auf sein adeliges Vorrecht, zu solchen Feierlichkeiten von zwei Professoren aus seiner „Wohnung" abgeholt zu werden. Dem Lehrkörper blieb nichts anderes übrig, als zwei Magister zu schicken, die ihn aus dem Gefängnis holten und später wieder dorthin eskortierten.

Trotz des Ausspielens des adeligen Vorranges konnte Schlippenbach als Romantiker einen volkstümlichen Ton anschlagen. Die von ihm während der eigenen Studienzeit geschriebenen Texte, darunter „Ein Heller und ein Batzen" und „Nun leb' wohl, du kleine Gasse", seine beiden bekanntesten Lieder, sprechen dafür. Sie werden noch heute von vielen Chören gesungen.

Den Geist der Romantik verlor der uckermärkische Graf nie. Sein Schloss mit Türmchen, Zinnen und dem hohen viereckigen Turm, errichtet auf einer alten Burgstelle, auf einem mit Buchenwald bewachsenen Hügel am Ufer eines kleinen Sees, 1848 übrigens auf einen Wert von 35.000 Talern taxiert, widerspiegelt den Traum mittelalterlichen englischen Ritterlebens wie seinen Hang zur gestalteten Natur. In seiner Berliner Studienzeit hatte er sich mit den Botaniker und romantischen Dichter Adalbert von Chamisso angefreundet, der mehrfach zu Besuch in Arendsee weilte und die Zeit für Exkursionen nutzte. Ein weiterer Gast war der Dessauer Gymnasiallehrer und Bibliothekar Friedrich Wilhelm Hosäus, der ebenfalls romantischer Dichter war. Er veröffentlichte 1866 einen Band „Arendsee'er Lieder". Und auch ein dritter einflussreicher Besucher sei erwähnt: Alexis Lepère aus Montreuil bei Paris.

*Ein kurhessischer Heller von 1863*     *Ein Schweizer Batzen*

1853 besuchten Graf Albert und seine Schwester, die Gräfin Agnes von Hahn aus Basedow (1812–1857), Paris. Nachdem sie von der Qualität der dort angebotenen Früchte beeindruckt waren, beschlossen sie, mehr über moderne französische Techniken des Obstbaus an Mauern zu erfahren und sie auf den eigenen Gütern anzuwenden. Sie besuchten Alexis Lepère, der für seine besonderen Fertigkeiten und Kenntnisse in der Pfirsichkultur bekannt war und baten ihn um Hilfe. Sein gleichnamiger Sohn bot an, im folgenden Frühjahr nach Mecklenburg zu reisen, um dort nach seines Vaters Vorgaben Tafelobstkulturen mit Mauern anzulegen.

1854 kam der junge Lepère nach Basedow und begann auf dem Anwesen des Grafen Friedrich von Hahn mit Obstpflanzungen an Mauern. Zu der in südöstlicher Richtung orientierten

Hauptmauer, die ca. 80 Meter lang war, standen acht Mauern in senkrechter Richtung, so dass insgesamt sieben Kammern gebildet wurden, deren Tiefe von Westen nach Osten hin abnahm. Die Mauern hatten ein etwa 45 Zentimeter breites Fundament aus Feldsteinen. Der weitere Aufbau bestand aus einer Art Stampfbeton aus grobem Kies und einem hohen Kalkanteil, dem in den oberen Partien auch Stroh beigemengt war. In die Mauer waren Holzdübel eingelassen, die der Befestigung von Latten dienten. Lepère schloss mit dem Grafen Hahn einen Vertrag ab, demnach er für die Pflege der Anlagen verantwortlich war und auch die Aufsicht über die zuständigen Gärtner innehatte; dafür erhielt er jährlich 1000 Francs.

Im darauffolgenden Jahr reiste der französische Obstgärtner abermals nach Deutschland. Diesmal wollte er im Auftrag des Grafen Schlippenbach auf dessen Besitz Obstkulturen etablieren. Nach der Fertigstellung der Anlagen besuchte er jährlich mehrmals Basedow und Arendsee, um die Kulturen zu kontrollieren und zu erweitern.

Die Hauptmauer der Anlage in Arendsee verlief von Osten nach Westen und hatte bei einer Höhe von neun Fuß eine Länge von 116 Ruten, das heißt einer Höhe von rund 3,10 Meter und einer Länge von etwa 437 Meter, beachtliche Ausmaße. Fast 120 Meter (32 Ruten) waren mit Weinreben, der Rest mit Spalierobstbäumen, vor allem Pfirsich- und Aprikosenbäumen, bepflanzt. Von der Hauptmauer gingen im rechten Winkel 14 Quermauern ab, die ebenfalls mit Spalierobst besetzt waren. Die so entstandenen, nach Süden hin offenen Kammern wurden mit niedrigen, freistehenden Spalieren bepflanzt sowie zur Aufzucht von Jungbäumen und zum Anbau von Gemüse und Erdbeeren genutzt. In den Sommermonaten wurden in einer Kammer die Topfobstpflanzen der Orangerie aufgestellt.

Zusätzlich zu der Hauptanlage wurden auf dem Schlossgelände drei kleinere, ebenfalls mit Mauern umfasste Gärten angelegt. Insgesamt umfassten die Arendseer Spalierobstgärten 76 Pfirsich-, 44 Aprikosen-, 319 Birn-, 498 Apfel-, 36 Kirsch- und 29 Pflaumenbäume sowie 16 Stachelbeerbüsche. Während Lepère zunächst zahlreiche verschiedene edle Sorten wählte, wurde das Sortenspektrum in den ersten zwei Jahrzehnten reduziert, da sich einige der durch den Franzosen gewählten Sorten trotz der schützenden Mauern als zu empfindlich für das norddeutsche Klima herausstellten.

Die Arendseer Anlage wurde von dem dortigen Gärtner Wünn, der von Lepère in die Kulturtechnik eingewiesen wurde, gepflegt. Graf Schlippenbach bot an, dass junge Gärtner zum Frühjahrs- und Sommerschnitt nach Arendsee kommen und dort von Wünn die spezielle Schnitttechnik lernen könnten.

Der vielseitig interessierte Graf machte in jungen Jahren auch die Bekanntschaft mit Heinrich Heine. Ihn traf er während der Studienzeit in Göttingen mehrfach im Gasthaus, in dem er mit seinen adligen Kommilitonen speiste. Nur eine engere Beziehung entwickelte sich nicht. Hätte er damals gewusst, welche hohe Begabung in dem „uns nur unangenehmen, unsauberen Jungen" steckte, hätte er sich ihm genähert, schrieb der Graf später, sich daran erinnernd, dass Heine das Rauchen der Blaublüter als „Schweinerei" empfand.

Neben der romantischen Ader und einer ökonomisch auf fortschrittlichere Methoden setzenden Geisteshaltung wurde Albert von Schlippenbach durch einen starken christlichen Glauben geprägt. Keine Rücksicht auf Witterungsverhältnisse konnte ihn bewegen, von seiner strengen Auffassung der Sonntagsheiligung abzugehen. Er ließ sogar aus Bedenken gegen den Missbrauch von Alkohol auf seinen Gütern sämtliche Brennereien eingehen.

Vernachlässigt wurde dabei allerdings nicht das Dichten. Er tat dies daheim in Arendsee vor allem für den Hausgebrauch. Nur gelegentlich trug er im Familien- und Freundeskreis vor.

## Ein Heller und ein Batzen

Ein Heller und ein Batzen, die waren beide mein.
Der Heller ward zu Wasser, der Batzen ward zu Wein.
Ja, der Heller ward zu Wasser, der Batzen ward zu Wein.
  Heidi, Heido, Heidi heido, ha, ha,
    heidi, heido, ha, ha
  heidi, heido, hei, ha, ha, ha, ha, ha.
Die Wirtsleut und die Mädel, die rufen beid: Oh weh!
Die Wirtsleut, wenn ich komme, die Mädel, wenn ich geh.
  Heidi, Heido, Heidi heido, ha, ha,
    heidi, heido, ha, ha
  heidi, heido, hei, ha, ha, ha, ha, ha.
Meine Strümpfe sind zerrissen, meine Stiefel sind entzwei
und draußen auf der Heiden, da singt der Vogel frei.
  Heidi, Heido, Heidi heido, ha, ha,
    heidi, heido, ha, ha
  heidi, heido, hei, ha, ha, ha, ha, ha.
Und gäb's kein Landstraß nirgend, da säß ich still zu Haus,
und gäb's kein Loch im Fasse, da tränk ich gar nicht draus.
  Heidi, Heido, Heidi heido, ha, ha,
    heidi, heido, ha, ha
  heidi, heido, hei, ha, ha, ha, ha, ha.
War das ,ne große Freude, als ihn der Herrgott schuf,
ein Kerl, wie Samt und Seide, nur schade, daß er suff.
  Heidi, Heido, Heidi heido, ha, ha,
    heidi, heido, ha, ha
  heidi, heido, hei, ha, ha, ha, ha, ha.

*Carl Ludwig Ernst Albert Graf von Schlippenbach*

# Ein Heller und ein Batzen

Aber im hohen Alter von 83 Jahren ließ er sich überreden, seine Gedichte vom Sohn seines Rentmeisters, Dr. A. Mosbeck, zu veröffentlichen. Doch Schlippenbachs Stil war aus der Mode gekommen. Die Spätromantik war vorbei und die Poesie des jetzt alten Grafen fand kein literarisches Echo mehr, obwohl noch manches Lied, so „Die Jungfrau am Arendsee", gerade wegen der altertümlichen Volksliedtradition vertont und in vielen Gesangsvereinen angestimmt wurde.

An seinem 86. Geburtstag, dem 26. Dezember 1886, am zweiten Weihnachtsfeiertag, starb Albert Graf von Schlippenbach. Er wurde im benachbarten Schönermark beigesetzt.

Nicht verwechselt werden sollte der Arendseer Volksliedichter übrigens mit einem gleichnamigen und gleichsam schriftstellernden Großneffen, der 1859 in Berlin geboren wurde und 1887 seinen Abschied aus dem diplomatischen Dienst nahm. Von dem finden sich dichterische Werke wie die 1899 veröffentlichte Novelle „Als Strohwitwer nach Afrika", die 1901 erschienene Erzählung „Die Schweden in Nürnberg" oder die 1904 publizierte Novellensammlung „Feuerschein" noch mitunter in guten Antiquariaten.

*Menkin*

## Der erste DRK-Präsident

**Joachim von Winterfeldt-Menkin übernahm 1902 den Vorsitz des Männerzweigvereins des Roten Kreuzes in Prenzlau, war ab 1919 Präsident des Preußischen und Deutschen Zentralkomitees des Roten Kreuzes und wurde 1921 erster Präsident des DRK. 1933 trat er zurück.**

Unangetastet bleibt die Tatsache, dass Joachim von Winterfeldt, der ab 1925 mit Genehmigung des Justizministeriums in Berlin den Namen von Winterfeldt-Menkin führte, der erste Präsident des Deutschen Roten Kreuzes war. 1933 zog er sich 68-jährig auf sein uckermärkisches Gut Menkin zurück. Ob es ein freiwilliger oder erzwungener Rückzug war, ist eine unbeantwortete Frage. Zu widersprüchlich sind da gegenwärtig noch die Äußerungen. So stellte der Bereichsleiter Öffentlichkeitsarbeit beim DRK-Landesverband Brandenburg Lutz Eckardt 1993 fest: „Joachim von Winterfeldt-Menkin betrachtete ‚Das Dritte Reich' und die drohende Kriegsgefahr mit großer Sorge." Andererseits ist bekannt, dass der DRK-Präsident am 12. Mai 1933 eine Ergebenheitsadresse an Adolf Hitler richtete und darin betonte: „Im Namen dieser anderthalb Millionen Männer und Frauen im Deutschen Roten Kreuz erkläre ich die unbedingte Bereitschaft, uns Ihrer Führung zu unterstellen und Ihnen zu folgen." Dieses Schreiben kann man nur verstehen, wenn man auf die Zeit der Machtübernahme durch die Nazis zurückblickt. Viele Rotkreuzvereine waren Übergriffen durch die NSDAP bzw. durch ihre Gliederungen ausgesetzt. Einerseits versuchten einige SA-Sanitätsformationen oder die NS-Frauenschaft DRK-Männer- bzw. Frauenvereine zu unterwandern und

*Joachim von Winterfeldt-Menkins Zuhause, das Gutshaus von Menkin*

zu übernehmen, andererseits erklärten andere NSDAP-Ortsvereine eine gleichzeitige Mitgliedschaft in der Partei und im DRK als unvereinbar. Wenige Wochen vor der Ergebenheitserklärung hatte Winterfeldt-Menkin noch versucht, eine Einflussnahme der Nationalsozialisten auf seine Organisation weitestgehend auszuschalten. Dafür spricht eine Beschwerde an den DRK-Ehrenpräsidenten Paul von Hindenburg vom 26. April 1933. Allerdings muss ihm klar gewesen sein, dass es kein einfacher Weg sein wird. So kann man die angedeutete Konzession verstehen, „einige Persönlichkeiten aus dem Roten Kreuz (zu) entfernen, die in die heutige Zeit nicht mehr passten". Dem Uckermärker lag daran, sein DRK als eigenständige Traditionsorganisation

*Joachim von Winterfeldt-Menkin*

zu erhalten. Aus Angst vor einer verordneten Auflösung machte er Zugeständnisse, die einer Selbstgleichschaltung gleichkamen und lud sogar am 4. Mai 1933 NSDAP-Mitglieder zum Eintritt in die Vorstände der Rotkreuzvereine ein. Dabei betonte er, dass es dieser Bitte kaum mehr bedürfe, „da ich wohl voraussetzen kann, dass ohnehin ein sehr großer Teil der Mitglieder in den Vorständen und Organisationen zu den Anhängern und Mitgliedern der NSDAP zählt". Darüber hinaus bat von Winterfeldt-Menkin alle Rotkreuzorganisationen, „die Verbundenheit des Roten Kreuzes mit der Regierung der nationalen Erneuerung und der nationalsozialistischen Bewegung zu bekunden". Weil dies gegen die DRK-Satzung verstößt, in der von „allen deutschen Männern und Frauen ohne Unterschiede des Standes, des religiösen Bekenntnisses und der politischen Gesinnung" gesprochen wird, musste eine zeitgemäße Satzung her. Sie wurde am 23. November 1933 nach Gesprächen mit dem Reichsinnenministerium und verschiedenen Verhandlungsrunden beschlossen und setzte u.a. an die Stelle der Mitgliederversammlung als höchstem Organ das Führerprinzip durch den berufenen Präsidenten. Und das war bei Weitem die geringste Änderung.

Von Winterfeldt-Menkin war es damit gelungen, das DRK nach außen hin als eine unabhängige Organisation zu erhalten, er zahlte dafür aber persönlich einen hohen Preis. „Jetzt verlangt es der Sinn der Zeitenwende, dass an die Spitze des Deutschen Roten Kreuzes ein Mann tritt, der seit Jahren an der Seite des Führers gestanden hat." Dieser Mann war Carl-Eduard von Sachsen-Coburg und Gotha. Er war General des Ersten Weltkrieges, Mitglied der rechtsradikalen Brigade Erhardt, später des Freikorps „Stahlhelm", seit 1992 Mitglied des Nationalsozialistischen Kraftfahrerkorps, seit 1933 dessen Ehrenführer, seit 1933 Mitglied der NSDAP und der SA.

Den Ex-Präsidenten macht man als Aushängeschild zum symbolträchtigen Ehrenpräsidenten. Ansonsten endet seine aktive Verbundenheit mit dem Roten Kreuz, die 1902 begann, als er den Vorsitz im Männerzweigverein Prenzlau des DRK übernahm, den sein Vater gegründet hatte. 1904 erhielt er den stellvertretenden Vorsitz des Roten Kreuzes in der Provinz Brandenburg. 1916 wurde er Mitglied des Zentralausschusses vom Roten Kreuz, 1919 Vorsitzender des Zentralkomitees und mit der Gründung des DRK als zentral gesteuerten Verband 1921 dessen erster Präsident.

Als Rechtskonservativer, der dem parlamentarischen System eher ablehnend gegenübergestanden haben dürfte – im Kaiserreich anerkannter Verwaltungsbeamter, unter anderem in der Funktion des Landrates des Kreises Prenzlau, von 1907 bis 1918 Abgeordneter des Reichstages, von 1905 bis 1918 Mitglied des Preußischen Herrenhauses, 1920 von den Sozialdemokraten im „Vorwärts" sogar als Außenminister der Kapp-Putsch-Regierung gehandelt –, besaß Joachim von Winterfeldt-Menkin zuerst Sympathie für die Nationalsozialisten und sah in ihnen einen Garanten, dass Deutschland wieder zu Größe finden würde. „Jeder von uns fühlt heute eine Wendung. Sie erwächst uns aus dem Glauben an ein größeres und glücklicheres Deutschland", äußerte er auf einer Festveranstaltung des DRK am 11. Juni 1933 in Berlin. Im uckermärkischen Menkin, heute ein Ortsteil von Brüssow, zog er sich in eine innere Immigration zurück. Die Verwaltung des Gutes überließ er einem Beamten der Wirtschaftsabteilung der Brandenburgischen Landschaft, während er sich selbst um die Gärtnerei und den Wald kümmerte, wie seine 1942 veröffentlichten Memoiren „Jahreszeiten des Lebens" verraten.

Am 28. April 1945 schossen russische Tiefflieger Haus und Hof in Menkin in Brand. Vier Tage zuvor war die Familie geflüchtet. In Harmshagen unweit von Grevesmühlen starb Joachim von Winterfeldt-Menkin 80-jährig entkräftet am 3. Juli 1945. Er wurde im dortigen Gutspark beigesetzt. Erst 1991 konnte sein Wunsch, in heimischer Erde begraben zu werden,

*Carl-Eduard von Sachsen-Coburg und Gotha, ein strammer Nazi, wurde Nachfolger von Joachim von Winterfeldt-Menkin als DRK-Präsident.*
Foto: Bundesarchiv

erfüllt werden. Sein Enkel Kaspar von Oppen und die beiden Rotkreuzverbände Uckermark Ost und Uckermark West sorgten für die Überführung der Gebeine auf den Kirchhof von Menkin. Gäste am Grab waren auch der DRK-Präsident Botho Prinz zu Sayn-Wittgenstein-Hohenstein und sein Vizepräsident Prof. Dr. Christoph Brückner, letzter DRK-Präsident der DDR. Beide hatten wenige Monate zuvor, am 8. November 1990, den Vertrag zur Wiederherstellung der Einheit des Deutschen Roten Kreuzes unterzeichnet.

Joachim von Winterfeldt-Menkins 1934 geborener ältester Enkel, Dr. Kaspar von Oppen, führte von 1998 bis 2002 als dritter Präsident den Landesverband Brandenburg des DRK, zu dessen Ehrenpräsident er 2002 gewählt wurde. Die wirtschaftliche Konsolidierung des Verbandes in den folgenden vier Jahren ist mit seinem Namen verbunden. Der Brandenburger Landesverband vergibt die Joachim von Winterfeldt-Menkin-Medaille als höchste Auszeichnung.

*Hohenlandin*

## Am „Geburtsort" der Uckermark

**Der Kommandeur der legendären Mecklenburg-Strelitzer C-Husaren wählte nicht seine Heimat, sondern die Uckermark als Zuhause. Sein Sohn erbaute „Warburg House" und gab es für eine von Gottfried Semper entworfene Villa in Dresden auf.**

Friedrich Wilhelm von Warburg gehörte einem uralten mecklenburgischen Adelsgeschlecht an. Sein Vater war als Landdrost der höchste Vertreter seines Landesherrn im Amt Bergfeld. Er selbst wurde mit 16 Jahren Page bei der aus dem Haus Mecklenburg-Strelitz stammenden späteren preußischen Königin Luise. Doch nicht das kleine Großherzogtum wählte der Kommandeur der 1813 gegen Napoleon ins Feld gezogenen Mecklenburg-Strelitzer C-Husaren als sein Zuhause, sondern die Uckermark. Er erwarb deren „Geburtsort", Hohenlandin bei Schwedt.

In der Völkerschlacht von Leipzig hatte der 1765 geborene Friedrich Wilhelm vom Warburg das Kommando über die von Herzog Karl zu Mecklenburg geführte Brigade der Schlesischen Armee übernehmen müssen, nachdem der Sohn seines Landesherrn schwer verwundet worden war. Von Warburg führte die 5000 Mann starke Truppe dann bis zur Einnahme von Paris Ende März 1814. Nach der Überquerung des Rheins im Januar 1814 zog sie erst Richtung Metz und nahm an einigen Schlachten teil.

Am 18. Juli 1814 kehrten etliche Jäger und Husaren nach Neustrelitz zurück. Der Rest folgte im März 1815. Nicht einmal drei Monate Ruhe waren den Männern in der Heimat vergönnt. Mitte Juni mussten sie erneut gegen Napoleon ziehen. Sie

*Die Mecklenburg-Strelitzer Husaren und Jäger hoben sich auch aufgrund ihrer prunkvolleren Uniformen von den Schweriner Freiwilligen ab.*

trafen aber erst nach der entscheidenden Schlacht bei Waterloo im Feld ein. An der Eroberung einiger Festungen beteiligt, begab sich das Regiment im November 1815 auf den Rückmarsch. Zwei Tage vor Heiligabend kam es erneut in Neustrelitz an, wo es Ende März 1816 endgültig aufgelöst wurde.

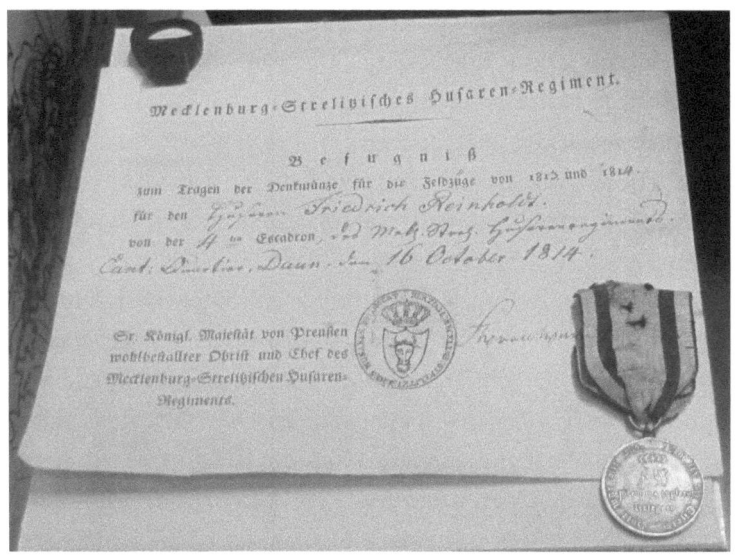

*Sämtliche Angehörige des Mecklenburg-Strelitzer C-Husaren-Regiments erhielten, wie preußische Armeeangehörige, die preußische Kriegsdenkmünze. Die Urkunde zur Auszeichnung unterzeichnete Friedrich Wilhelm von Warburg.*
*Foto: Wikipedia, Concorde*

Als Oberst und Chef des Mecklenburg-Strelitzer Husarenregiments, der Friedrich Wilhelm von Warburg bis zur Auflösung war, fand der inzwischen 52-jährige Militär endlich Zeit für die Familienplanung. Heiligabend 1817 heiratete er die 20 Jahre jüngere Gräfin Auguste von Blankensee-Filehne. Gleich nach der Hochzeit erwarb der Bräutigam für 108.000 Taler Hohenlandin. Das hatte sein zwei Jahre älterer Bruder Adolph Friedrich von Warburg als preußischer Rittmeister genau 20 Jahre zuvor für 80.000 Taler zu seiner Hochzeit gekauft.

In schneller Folge stellten sich bei der jungen Familie von Warburg die Kinder ein. 1818 wurde Luise Auguste geboren. 1820 folgte mit Wilhelm Georg der Stammhalter. 1822 kam Auguste Therese zur Welt und 1823 Moritz Albert von Warburg. Mit ebenso großem Eifer wie in der Familienplanung nahm sich das Paar der Gestaltung des Wohnumfeldes an. Man baute das

Gut aus, errichtete einen großen Speicher und ließ sich 1822 von Peter Joseph Lenné, zu dieser Zeit ein aufsteigender Stern am preußischen Hof, einen Park anlegen.

Auch wenn der Park in seiner ursprünglichen Anlage nicht mehr erlebbar ist, da das Grabensystem zu den Wasserflächen weitgehend zerstört ist, laden alte Bäume und interessante Ansichten noch zum Entdecken ein.

Langes Familienglück war dem Paar nicht gewährt. Drei der Kinder starben früh. Nur Georg Wilhelm blieb am Leben. Gedrückt durch die Schicksalsschläge bat Friedrich Wilhelm von Warburg Ende 1825 um seinen militärischen Abschied, dabei war er gerade erst zum Generalmajor der Kavallerie und Brigadekommandeur ernannt worden. Zehn Jahre später segnete der einstige Mecklenburg-Strelitzer Husarenkommandeur in der Uckermark das Zeitliche.

Das als „Warburg House" bezeichnete Schloss von Hohenlandin entstand 1860/61.

Friedrich Wilhelms Witwe machte den einzigen überlebenden Sohn zum Miteigentümer des Gutes. Freiherr Georg Wilhelm von Warburg ließ zwischen 1856 und 1859 zahlreiche Wirtschaftsgebäude auf dem Gut errichten, darunter eine

Dampfbrennerei und eine Dampfmühle. Nach dem Tod der Mutter 1859 folgte der Neubau des Schlosses im Tudor-Stil als „Warburg House" durch den Wriezener Architekten Ferdinand Neubart.

Malerisch erhob sich die asymmetrische Anlage mit zwei unterschiedlich hohen Türmen über einem hohen Kellergeschoss. Ein dreigeschossiger Mittelteil fällt noch heute durch seinen Balkon auf, den zwei preußische Adler zieren. An der Parkseite des südöstlichen Seitenteils befanden sich der Saal, eine kleine Terrasse und eine Freizeittreppe.

Eine technische Meisterleistung stellte die Wasserleitung zur Versorgung des Schlosses dar, die noch immer existiert: Durch eine Pumpe wurde das Wasser aus dem Teich in einer noch vorhandenen Eisenwanne auf dem Dachboden der Brennerei gesammelt. Von dort wurde es über ein Rohrsystem in die einzelnen Gebäude verteilt. Die Abfälle der Brennerei – es wurde Spiritus hergestellt – gelangten ebenfalls über ein Rohrsystem direkt in die angrenzenden Ställe und dienten als Futter.

*Seit 1977 leer stehend, verfällt das Schloss zusehends.*

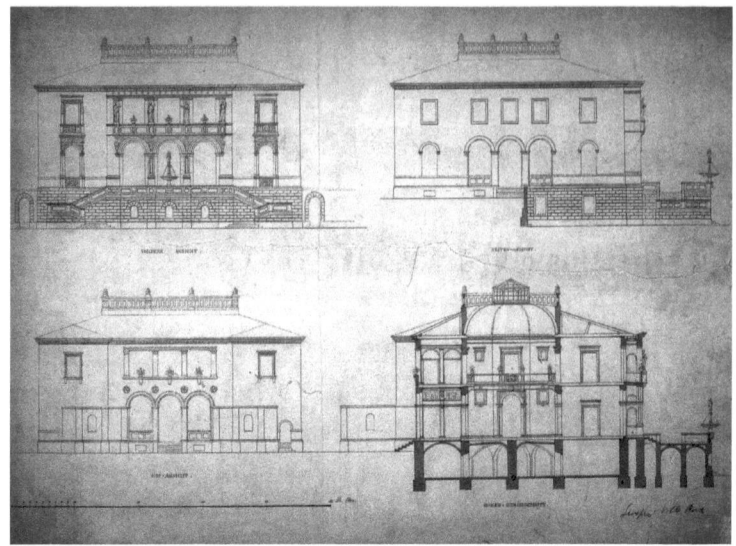

*1867 zog der Bauherr des Hohenlandiner Schlosses in die von Gottfried Semper errichtete Villa Rosa in Dresden.*

Georg Wilhelm von Warburg machte aus Hohenlandin ein Mustergut. Doch verkaufte er es 1866 an den Berliner Ziegeleibesitzer Ferdinand Müller. Die Gründe dafür und für seinen Kauf der von Gottfried Semper erbauten Villa Rosa in Dresden liegen im Dunkeln.

Schloss Hohenlandin, das den Krieg unbeschadet überstanden hat, wurde in der DDR-Zeit als Schule und Kindergarten genutzt. Nachdem der Schulbetrieb 1977 aufgrund baulicher Mängel eingestellt werden musste, verfällt die Anlage zusehends. Sie ist heute eine Ruine, die eines schwerreichen „Prinzen" zu ihrer Rettung bedarf.

Übrigens, „Geburtsort" der Uckermark: Mit einem 1250 geschlossenen Vertrag übernahmen die Markgrafen Johann I. und Otto III. von Brandenburg im Tausch gegen das halbe Land Wolgast das Uckerland, richtiger gesagt dessen nördlichen Teil, von Herzog Barnim III. von Pommern. Den südlichen Teil hatten die Markgrafen bereits 1230 erworben.

*Neu Temmen*

## Die Trauernde

**Gleich zwei Mitglieder der Preußischen Akademie der Künste haben auf einem vom Deutsche-Bank-Direktor Carl Michalowsky 1917 erworbenem Gut ihre künstlerischen Spuren hinterlassen. Einer war der Lehrer von DDR-Bildhauerikone Fritz Cremer.**

Der Architekt Franz Seeck (1874–1944) und der Bildhauer Wilhelm Gerstel (1879–1963), zwei Professoren der Vereinigten Staatsschulen für Freie und Angewandte Kunst, heute Universität der Künste Berlin, schufen 1928 in Neu Temmen ein Erbbegräbnis. Ihr Auftraggeber war 1928 der dortige Gutsbesitzer Carl Michalowsky, bis 1927 ein Direktor der Deutschen Bank, wohnhaft in der Tiergartenstraße 25 in Berlin.

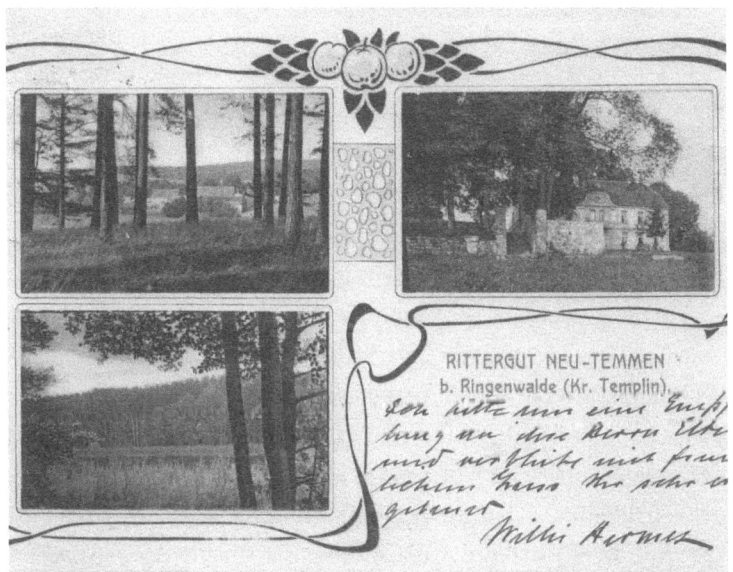

*Neu Temmen Anfang des 20. Jahrhunderts*

*Familiengrabstellen im Erbbegräbnis*

Carl Michalowsky, geboren am 1. September 1862, stammte aus einer Apothekerfamilie im westpreußischen Löbau, heute Lubawa, in der polnischen Woiwodschaft Ermland-Masuren. Nach einer juristischen Ausbildung wurde er 1889 Amtsrichter in seiner Geburtsstadt. Zwei Jahre später rückte er zum juristischen Referenten bei der Provinzialverwaltung von Westpreußen auf. 1895 ging er als Stadtkämmerer nach Stettin (Szczecin). Fünf Jahre darauf trat er als Syndikus des Sekretariats, das heißt als Firmenanwalt, in den Dienst der Deutschen Bank. Rasch aufgestiegen, wurde er 1905 zum stellvertretenden und 1908 zum ordentlichen Vorstandsmitglied. Zu seinem Dezernat gehörten die innere Verwaltung, die Rechtsabteilung – zeitweilig war er der einzige Jurist im Vorstand – und später die Überwachung der Filialbezirke Frankfurt/Main, Pommern, Schlesien, Ost- und Westpreußen. Auch die Aufsicht über das Archiv der Deutschen Bank fiel in seinen Zuständigkeitsbereich. Von 1914 an zeichnete er für das gesamte Personalwesen des Instituts verantwortlich. Nach dem stetigen Anwachsen der Zahl der Angestellten von 11.300 auf mehr als 40.000 zwischen 1914 und Ende 1923 folgte, ebenfalls unter seiner Leitung, ein Personalabbau von mehr als 25.000 Stellen auf 14.800 im Jahr 1927. Obwohl er nach diesem gewaltigen personellen Aderlass aus dem Vorstand der Bank ausschied, gehörte er noch bis 1933 dem Aufsichtsrat an, wie er auch im Aufsichtsrat der Firma Benz saß und dort 1920 auf die Fusionierung mit der Daimler Motoren Gesellschaft stritt.

Auch wenn sich Carl Michalowsky als Personaldezernent für Wohlfahrtseinrichtungen der Deutschen Bank einsetzte und in seiner Zeit Erholungsheime für die Mitarbeiter in Johannaberg im Teutoburger Wald (1918), Sellin auf Rügen (1924) und Caputh bei Potsdam (1917) entstanden, darf man nicht übersehen, dass dies vor allem aus Gründen der Gewinnmaximierung geschah. Wies die Bank 1914 eine Dividende von zehn Prozent aus, waren es 1915 und 1916 zwölf Prozent, ein Jahr darauf 14 Prozent und trotz des verlorenen Weltkrieges 1918 und 1919 jeweils zwölfeinhalb Prozent. Michalowsky lehnte 1919 den Grundsatz „Gleiches Geld für gleiche Arbeit" für die Bezahlung weiblicher Angestellter mit der Begründung einer besseren Qualifikation männlicher Mitarbeiter ab und begründete den nach der Hyperinflation einsetzenden Personalabbau immer wieder mit den Angestelltenzahlen von 1913, die man wieder zu erreichen suchte. Dabei war allein das Filialnetz der Bank erheblich gewachsen, von 92 Filialen 1913 auf 181 Filialen 1929.

Carl Michalowsky steckte im Gegensatz zu den schlecht entlohnten und später zu den entlassenen Angestellten nicht in finanziellen Schwierigkeiten. Ihm ging es so gut, dass er 1917 das verschuldete Rittergut Neu Temmen kaufen konnte. Das war 1743 von Groß Fredenwalde als Vorwerk auf der Feldmark Hohenwalde angelegt worden. 1749 errichtete Alexander von Arnim dort seinen Wohnsitz, ein Fachwerkwohnhaus, und auf dem höchsten

*1917 wurde der Deutsche Bank-Direktor Carl Michalowsky Hausherr auf Neu Temmen.*

Punkt des Anwesens eine kleine Kirche im Fachwerkstil, für deren Errichtung er die Genehmigung des Königs einholen musste. Eine kleine Pyramide mit Kugel und Wetterfahne, darin die Inschrift A. v. A. 1749, erinnert an die Gründungsjahre von Neu Temmen, ebenso wie die kleine eiserne Glocke aus dem Jahr 1746 mit einem Durchmesser von 68 Zentimetern. Arnim hielt das Innere des Gotteshauses schlicht, sieht man von mehreren Ölbildern aus spanischen Kirchen ab, unter anderem eine Christusdarstellung aus dem 18. Jahrhundert und ein Bildnis Johannes des Täufers aus der Zeit um 1700. Der Kanzelaltar wurde von zwei korinthischen Säulen eingerahmt. Es gab einen kleines Tauftischchen, einfaches

Holzgestühl und eine flache Balkendecke. Der Turm im Westen der Kirche, in der Breite der Schiffswände gehalten und unmittelbar an diese anschließend, wurde jedoch erst später errichtet. Er ist vom Kirchenschiff getrennt. Wahrscheinlich entstand er, als das neben der Kirche gelegene Gutshaus 1766 im bescheidenen Barockstil gebaut wurde, nachdem der schlichte Vorgängerbau Opfer eines Feuers geworden war.

*Obristleutnant Alexander von Arnim ließ 1749 die Kirche bauen.*

Die Familie von Arnim musste Neu Temmen 1841 aufgeben und verkaufen. Mehr als 75 Jahre wurde es ein so genanntes rollendes Gut, ging von einer Hand in die nächste. 1917 erwarb es dann Carl Michalowsky. Er ließ die Kirche restaurieren, sorgte für Licht und eine elektrische Heizung. Überhaupt gab sich der Banker aus Berlin große Mühe mit seinem Gut. Und alles, was er zum Ausbau von Neu Temmen in seiner Zeit tat, geschah unter Rücksicht auf die bezaubernde Landschaft ringsum. Er ließ beispielsweise Fußwege über die Wiesen und am Waldesrand anlegen. Allerdings ist dieser Promenadensteig, der in Serpentinen durch den Waldgürtel des Eichelberges führte, heute nicht mehr zu erkennen.

*Das Erbbegräbnis der Familie Michalowsky an der Ostseite der Kirche, ganz in der Nähe des Gutshauses*

Als seine Frau Ellen, eine geborene Hellwig, 1928 mit 60 Jahren starb, entstand das beeindruckende Erbbegräbnis aus Augsburger Kalkstein. An dessen Aufgang wird der Besucher von einer lebensgroßen weiblichen Figur Wilhelm Gerstels begrüßt, bei dem übrigens die DDR-Ikone der Bildhauerei, Fritz Cremer, von 1934 bis 1928 Meisterschüler war. Gerstel war 1921 einem zweiten Ruf nach Berlin gefolgt. Bis 1933 hatte er dort zahlreiche öffentliche Aufträge, zum Beispiel die Brunnenanlage Steglitz, die bildhauerische Ausgestaltung des Warenhauses Wertheim, bauplastischer Schmuck des Ullstein-Druckereigebäudes und der Borsig-Werke oder Parkfiguren in Charlottenburg.

*Die Trauernde von Professor Wilhelm Gerstel*

In Neu Temmen gelangt man an der Kirche über Stufen hinauf durch ein schmiedeeisernes Tor zu einem Plateau, wo sich die Grabstelle mit schlichter Einfasssung und einem wuchtigen Steinkreuz befindet. Eine Bank an der gemauerten Einfassung lädt zum Verweilen ein. Die Idee zu dieser Anlage stammt vom Architekten Franz Seeck, der 1922 auch die Familiengrabanlage Siemens auf dem Südwestkirchhof Stahnsdorf bei Berlin entworfen hatte. 16 Mitglieder der Familie Siemens sind dort beigesetzt, darunter Werner von Siemens, der Gründer des heutigen Weltunternehmens.

Neben Michalowskys Frau Ellen ruhen in Neu Temmen seine Tochter Ute von Hentig (1901–1995) sowie seine Enkelin Sybille von Hentig (1920–1945) und er selbst, gestorben 1941.

Der Adel der Familie von Hentig war bei der Eheschließung der Tochter übrigens noch sehr jung. Otto Hentig (1852–1934) praktizierte zunächst als Anwalt in Berlin, bevor er als Spezialist für Wirtschaftsrecht 1893 Verwalter der Güter Karl Egons IV. zu Fürstenberg wurde. Zu den Klienten des erfolgreichen Anwalts gehörten Reichskanzler Otto von Bismarck, Generalfeldmarschall von Moltke, die Gebrüder Mannesmann, Thomas A. Edison und Werner von Siemens. Otto von Hentig wurde 1901 in den Adelsstand erhoben, als er von 1900 bis 1905 die Stellung eines Staatsministers im Herzogtum Sachsen-Coburg und Gotha bekleidete. Letzteres Amt brachte ihm auch das Großkreuz des sächsisch-ernestinischen Hauses ein. Dr. Otto Hentig war maßgebliches Gründungs- und später Vorstandsmitglied der „Bauvereinigung Eigenhaus", die 1891 mit einer Siedlung für Arbeiter und wenig bemittelte Veteranen den Grundstein für den Berliner Stadtteil Karlshorst legte, wo er noch heute durch einen Straßennamen geehrt wird.

Zusammen mit seiner Frau Marie hatte Otto Hentig drei Söhne und drei Töchter. Der älteste, Werner Otto (1886–1984), spielte eine bedeutende Rolle im Auswärtigen Amt unter Kaiser Wilhelm II., im Dritten Reich und in den Jugendjahren der Bundesrepublik. Er wurde als der „deutsche Lawrence von Arabien" bekannt. Zu seinen Einsatzorten gehörten 1911 Peking, dann Konstantinopel und Teheran, 1915 bis 1917 Afghanistan, anschließend erneut Konstantinopel, 1921 Estland, Sofia und Posen. In den 1930er-Jahren war er in San Francisco und Bogotá tätig, danach kurz in Amsterdam, bevor er 1936 in den einstweiligen Ruhestand versetzt wurde. Die Ernennung zum Botschafter wurde ihm aus politischen Gründen verwehrt. 1937 bis 1939 leitete er die Orientabteilung des Auswärtigen Amts in Berlin. Nach dem Zweiten Weltkrieg vertrat er Deutschland 1952 bis 1953 als Botschafter in Indonesien, danach bis 1956 in Saudi-Arabien. Seine zwei Kinder aus erster Ehe, darunter der bekannte Pädagoge und Publizist Hartmut von Hentig, lebten zeitweise in Hohenlandin auf dem Gut eines Kriegskameraden und gingen im Dorf zu Schule. In seiner 2007 erschienenen mehrbändigen Biografie „Mein Leben – bedacht und bejaht" spricht Hartmut von Hentig von „mythischen Namen" wie Neu Temmen, Kölpinsee und

*Carl Michalowsky*

Foto: Deutsche Bank AG Historisches Institut

Caputh, wo er in seiner Kindheit überall war. Sohn Nummer 2 ist der bekannte Kriminologe Hans von Hentig (1887–1974). Der jüngste Sohn, der 1890 geborene Wolfgang, wurde Schwiegersohn von Carl Michalowsky. Seine Tochter Ute heirate ihn 1920. Für den ehemaligen Generalstabsoffizier des Ersten Weltkrieges, ein Hauptmann a.D., dürfte die Hochzeit mit der Tochter eines einflussreichen Deutsche-Bank-Direktors ein Karrieresprungbrett gewesen sein. 1929 wird aus einem Angestellten der Deutschen Bank der Prokurist der Hauptniederlassung Berlin der Daimler Benz AG und später sogar ein Vorstandsmitglied des Autoproduzenten. Erst relativ spät, nämlich zwei Wochen nach seinem 50. Geburtstag, stellt Wolfgang von Hentig den Antrag auf Mitgliedschaft in der NSDAP, in die er nach Fürsprache von DRK-Präsident, SA- und NSKK-Obergruppenführer Carl Eduard Herzog von Sachsen-Coburg und Gotha am 1. Juli aufgenommen wurde. Wolfgang von Hentig, der auch nach dem Krieg bis 1948 Daimler-Benz-Chef in Berlin war, ließ sich 1951 scheiden und heiratete sechs Monate später ein zweites Mal. 1967 starb er. Die Scheidung der Tochter musste Carl Michalowsky nicht mehr erleben. Er starb 1941.

Nach dem Machtantritt der Nationalsozialisten 1933 ließ er die Parzelle mit der Familienbegräbnisstätte aus der Gutsgemarkung Neu Temmen herausnehmen und im Grundbuch als Ruhestätte-Michalowsky-Stiftung eintragen. Damit tat er richtig, denn in die im April 1936 ins Leben gerufene Stiftung Schorfheide wurde nach Abgabe an den Reichsjägermeister Hermann Göring auch das Gut Neu Temmen einbezogen, ebenso wie das benachbarte Götschendorf, dessen 1911 erbautes Schloss ein Gästehaus Görings wurde, bzw. das 1939 aufgekaufte ebenfalls benachbarte Restgut Ringenwalde mit seinem Schloss, das 1945 die SS sprengte. Insgesamt umfasste die Stiftung Schorfheide, die für Göring ein persönliches Jagdrevier darstellte, zum Kriegsende rund 60.000 Hektar.

*Stegelitz*

## Die Zeit, die Eisen wachsen ließ

**Die Franzosenzeit zwischen 1806 und 1815 hinterließ in der Uckermark tiefe Spuren. Viele Männer ließen auf den Schlachtfeldern die Gesundheit und/ oder ihr Leben, während zu Hause die Familien der Drangsal durch die Besatzer ausgeliefert waren.**

„Was man eine Zeitlang hier sehr befürchtet hatte, dass nämlich Krieg zwischen Preußen und Frankreich ausbrechen würde, erfolgte wirklich", schrieb im September 1806 der Fliether Pfarrer Johann Gustav Wagner (1778–1817). Nachdem am 14. Oktober die Doppelschlacht von Jena und Auerstedt für Preußen verloren gegangen war, flüchteten die Reste der Hauptarmee in nordöstlicher Richtung, um sich hinter der Oder bei Stettin in Sicherheit zu bringen. Nach einem 14-tägigen Gewaltmarsch, an dem pro Tag durchschnittlich 37 Kilometer zurückgelegt wurden, erreichten rund 10.000 Mann der Hauptkolonne unter dem Befehl des Fürsten von Hohenlohe-Ingelfingen am 28. Oktober Prenzlau, wo sie in der heutigen Banhofsgegend Stellung bezogen. Einer französischen Falschmeldung bzw. Kriegslist aufsitzend, die die Nähe einer vielfachen Übermacht vorspiegelte, kapitulierte der Fürst am gleichen Tag vor rund 1500 Gegnern.

Tags darauf sahen die Stegelitzer die ersten Franzosen. Sie gehörten zu den Soldaten, die dem späteren Generalfeldmarschall von Blücher, damals allerdings noch Generalleutnant, auf den Fersen waren. Der hatte am Morgen vor dem bereits französisch besetzten Boitzenburg von der Kapitulation seines Oberbefehlshabers erfahren und bog nun nach links in Richtung des neutralen Mecklenburg-Strelitz ab, statt, wie ursprünglich beabsichtigt, weiter nach rechts auf Prenzlau zu marschieren. Von zehn Kürassieren berichtet Pfarrer Wagner. Im Gegensatz zu den neun, die in Gerswalde aufgetaucht waren, sollen sie nicht geplündert haben. Auch die am 1. November nach Stegelitz gekommenen Soldaten Napoleons seien einfach durch das Dorf geritten, während im fünf Kilometer entfernten Flieth Hundert Gulden erpresst worden waren und sie ebenfalls im knapp sechs Kilometer entfernten Fergitz „übel gehaust haben" sollen.

Am 4. November erschienen ein Unteroffizier und sechs Gendarmen in Flieth. Diese kleine Gruppe Militärpolizisten sollte die umliegenden Dörfer vor Übergriffen marodierender Soldaten schützen und so den geregelten Nachschub für die eigenen Truppen sowie das Aufbringen der preußischen Kriegskontribution sichern. Ihren ersten Einsatz hatte die Truppe am 13. November in Stegelitz zu bestreiten, als einige Kürassiere unter der Führung eines Offiziers eine eigene Kriegssteuer eintreiben wollten.

50 Millionen Taler sollte die Zwangserhebung aus Preußen in die französischen Kriegskassen spülen. 1,1 Millionen Taler entfielen davon auf die Uckermark. Für den ersten Beitrag von knapp einem Fünftel der Summe hatte Flieth 1072 Taler, drei Groschen und sechs Pfennig zu zahlen. Für Stegelitz überlieferte Pfarrer Wagner die Zahlen nicht. Sie dürften aber etwa gleich groß gewesen sein. Hinzu kommt, dass jeder Landbesitzer auf jeden Wispel Winteraussaat 16 Groschen für die Errichtung einer preußischen Landgendarmerie aufbringen musste, die im Auftrag der Franzosen für Ordnung sorgen sollte. Die Brigade der Region kam unter den Befehl des Gerswalder Gutsbesitzers von Arnim.

Viel hatte die Bevölkerung unter der drückenden Last der französischen Besatzung zu leiden. Sie musste Furage liefern, Geld geben, Gespanndienste, selbst zur Erntezeit, bringen, hatte Schanzarbeiten, unter anderem in Stettin, zu leisten, das zur

Festung ausgebaut wurde und wo in diesem Zusammenhang ein großes Militärlager entstand. Am 18. Juni 1808 mussten die Stegelitzer 300 Betten, wohl Matratzen aus Stroh, à zwei Fuß Breite dorthin liefern. Etwa zur gleichen Zeit wurden noch einmal 200 Bretter, je 20 bis 24 Fuß lang, verlangt. Und zur gleichen Zeit grasten auf den Weiden zu Hause fremde Militärpferde, während auf den Höfen französische und Rheinbundtruppen einquartiert waren. Der Kompanie französischer Voltigeure, Elite-Infanteristen und Scharfschützen vom 22. Mai 1807 folgte am 5. November eine Kompanie des 5. Bayrischen Infanteriebataillons oder am 26. November eine Kompanie des 10. französischen Infanteriebataillons. Dazu kamen ständig kleinere Einheiten bis zehn oder zwölf Mann zu Pferde, die zu versorgen waren. Nach einem Tagesbefehl des Marschalls Claude Victor-Perrin (1764–1841) vom 9. August 1807, zu dieser Zeit Befehlshaber in der Uckermark, hatte jeder Soldat 750 Gramm Militärbrot, vier Unzen Weißbrot zur Suppe, so zwischen 100 und 125 Gramm, ein Pfund Fleisch, ein Pfund grünes oder getrocknetes Gemüse, eine Flasche Bier und dreimal in der Woche Branntwein zu erhalten. Für ein Pferd waren täglich zehn Pfund Heu, zehn Pfund Stroh und zwei Metzen Hafen zu liefern. Also etwa zwei große Eimer voll.

Die Besatzungspolitik blutete die Uckermark aus. Historiker haben einmal hochgerechnet, dass der Landstrich, außer der Million Kriegskontribution in bar, für Kriegskosten von 6.755.380 Talern einstehen musste. Das waren Lebensmittel und Getränke, Vieh aller Art, Furage wie Heu und Stroh, aber auch anderweitige Lieferungen, die weder angerechnet noch bezahlt wurden, zum Beispiel Tuche, Lederzeug, Leinwand, Kaffee, Lazarettkosten oder Plünderungen aller Art. Die allein sollen 777.260 Taler betragen haben. Wahrscheinlich sogar mehr, denn notiert werden konnten ja schließlich nur die Fälle, die bekannt wurden.

Zu den hohen Lasten kamen ein allgegenwärtiger Preisanstieg und ein erheblicher Geldwertverfall. An dem waren nicht zuletzt die Engländer schuld, die Massen auf der Insel geprägtes Falschgeld in Umlauf brachten. Der Fliether Pfarrer Wagner notierte im Januar 1808 in der Pfarrchronik. „Seit einiger Zeit kamen eine gewaltige Menge völlig falscher Groschen mit im Umlauf und nun brach die Verlegenheit darüber aus. Jedermann hat dergleichen und Niemand will sie mehr annehmen. Das ganze Publikum leidet darunter großen Schaden und wird vermutlich in der Folge, wenn das Land der fremden Truppen los sein wird, noch immer darunter leiden." Und im März schrieb er: „Alle Bedürfnisse steigen seit einigen Wochen zu ganz außerordentlichen Preises. Die Groschenstücke, worin das mehrste umlaufende Geld besteht, werden in den öffentlichen Kassen, zum Beispiel bei der Post, gar nicht und im Handel höchst ungern angenommen. Man befürchtet eine allgemeine Reduktion derselben. Im Mecklenburgischen sind sie schon außer Kurs."

Zur Mühsal des Alltags, der neben der schweren Arbeit auf den eigenen Feldern oder denen der Gutsherrschaft und dem Aufbringen der zusätzlichen Lasten für Napoleons Soldaten bestand, kamen auch noch Übergriffe der einquartierten Sieger. In der schon mehrfach zitierten Pfarrchronik kann man über die im November 1807 angekommenen Bayern lesen: „In Stegelitz, wo eine starke Einquartierung gewesen, wurde sehr über sie geklagt. Der Bauer Vahlenstein war am Kopf blessiert und seinem Sohn der Rock zerhauen."

Unendlich groß war der Druck, Monat für Monat und Jahr für Jahr. Am 8. März 1812 beispielsweise mussten mehr als 400 Mann des Corps von Marschall Louis-Nicolas Davout (1770–1823) in Stegelitz untergebracht und versorgt werden. Auf jeden Bauernhof kamen so leicht zwischen 30 und 40 Soldaten. Manchmal hatte eine Einquartierung nicht nur einen militärischen Grund. Sie war Strafe, wenn die Gemeinde mit Geldzahlungen in Rückstand geriet. Beispielsweise wurden am 19. Oktober 1808 zwei Mann mit vier Pferden ins Dorf gelegt, um Kontribution,

Lagerfeld und Viehsteuer einzutreiben. Sie blieben bis zur vollständigen Begleichung der Forderungen.

Vier Franzosen und sieben Pferde waren bereits zehn Monate früher als Strafaktion im Dorf zusätzlich einquartiert worden, das von da ab einen Wachtmeister, 17 Mann und 35 Pferde zu versorgen hatte. Vorausgegangen war am 14. Januar das Läuten der Sturmglocken wegen einer Rauferei zwischen Dorfbewohnern und Franzosen. Zwei Stegelitzer, der jüngere Bauer Spann, Martin hatte erst 1803 den 1791 neu errichteten Hof des Schmiedes Fischer von dessen Erben übernommen, und der Knecht Sick kamen dafür ins Gefängnis.

*Das Ende des 18. Jahrhunderts errichtete Haus der Familie Spann steht heute unter Denkmalschutz.*

Nicht alle Uckermärker nahmen die fremde Besatzung ihrer Heimat als gottgewollt hin. Der Stegelitzer Daniel Pfort zum Beispiel wandte sich schon 1806 nach Kolberg, wo der freiwillig Soldat wurde. 1813 fand man ihn bei der uckermärkischen Landwehr, wo er am 16. Juni 1815 schwer verwundet wurde und dafür später ein monatliches Gnadensold erhielt. Johann Carl Vronsinsky, der Stiefsohn des Stegelitzer Försters Kasch, diente als Freiwilliger in der Deutsch-Englischen Legion. Und auch verschiedene Söhne des Gutsbesitzers von Arnim-Suckow, dem Stegelitz gehörte, fochten, nachdem die Zeit Eisen wachsen ließ, gegen Napoleon. Friedrich Wilhelm Ludwig von Arnim (1780–1813) diente 1813 in der auf den russischen Zaren vereidigten hanseatischen Legion als erster Führer ihrer Reiterei und fiel am 5. September beim Versuch, Lübeck zu befreien. Eine Kanonenkugel riss ihm den Kopf ab. Karl Ludwig (1784–1827) blieb nach der verlorenen Schlacht von Jena und Auerstedt im verkleinerten preußischen Heer und nahm als Hauptmann an den Befreiungskriegen teil. August Otto Alexander, Otto genannt (1787–1813), focht 1806 als 19-jähriger Kornett im Ansbachschen Husarenkorps bei Jena, trat im September 1808 in österreichische Dienste, um am bevorstehenden Krieg gegen Frankreich teilzunehmen und stand 1813 unter russischem Kommando. Er fiel bereits am 18. Februar 1813 als Premierleutnant in einem Gefecht bei Werneuchen, etwa 30 Kilometer vor Berlin. Zwei Tage nach Abzug der Franzosen aus Berlin, 16 Tage nachdem Otto von Arnim gefallen war, erschien in der „Spenerschen Zeitung" eine Todesanzeige für den jungen Offizier. „Am 18. Februar, bei dem in der Gegend von Werneuchen stattgehabten Gefecht zwischen den russisch-kaiserlichen und alliierten Truppen blieb Otto von Arnim, aus dem Hause Suckow, durch eine Flintenkugel durch die Brust getroffen. Sein Tod war schnell und ohne Schmerz für ihn, und rühmlich für Ehre und Vaterland." Es war die erste Todesanzeige eines für sein Vaterland Gefallenen in allen Berliner Zeitungen.

*Blick auf das Gut Stegelitz um 1900*

Einen Monat nach dem Tod Otto von Arnims rief der Preußenkönig sein Volk zu den Waffen. Und da folgten zwei weitere jüngere Brüder. Christian Ernst (1792–1842), der schon als 14-jähriger Fahnenjunker im Dragonerregiment „Königin" 1806 bei Auerstedt von zwei Kugeln verwundert worden war, wurde 1814 nochmals schwer verwundet, so dass ihm ein Arm amputiert werden musste. Ohne größere Blessuren kam der jüngste Sohn, Franz Kurt (1796–1866) durch die Befreiungskriege.

Wie viele Stegelitzer dem Ruf des Königs folgten und Gold für Eisen gaben ist nicht überliefert. Aber allein aus dem Fliether Pfarrhaus kamen eine mit Silber beschlagene Dose, zwei goldene Trauringe, ein goldener Ring mit dem Brustbild Friedrichs II., eine silberne Medaille, eine alte silberne Uhr, zehn bis zwölf Loth (etwa 175 Gramm) kleiner Silbermünzen, drei Paar wollene Strümpfe und ein Reichstaler in Silber. Die Hebamme, Frau des invaliden Unteroffiziers Georg Christian Preussendorf, gab vier Groschen Silber, die Frau des Tagelöhners Gollin zwölf Groschen leichter Münze. Dazu nähten die Frauen Hemden aus Leinwand, die sie vorher gespendet hatten.

Die Männer, die nicht ins Feld zogen, übten während dieser Zeit in der Landwehr, einer militärisch gemusterten Truppe, beziehungsweise im Landsturm, dem alle übrigen männlichen Personen vom 15. bis 60. Lebensjahr angehörten, das Militärhandwerk. Kommandeur der Fredenwalder Landwehr, zu der auch das Stegelitzer Aufgebot gehörte, war der Rittmeister von Arnim auf Neu Temmen. Als seine Leutnants galten der Rittergutspächter Linde, der Kandidat Wagner, der Livree-Jäger Fubel sowie der Schreiber Steffen.

Die Entschlossenheit der Uckermärker zeigt sich auch an folgender Eintragung in der Fliether Pfarrchronik aus dem Jahr 1813: „Am 10. April kam hier alles in Alarm. Es erschallte das Gerücht und wurde von Dorf zu Dorf durch Boten verbreitet, dass Franzosen von der Havel her kämen. Aus den Dörfern machten sich daher alle, Greise und Kinder ausgenommen, auf mit Heugabel, Forken, Piken nach der Gegend von Templin hin. Es wurde gesagt, die Franzosen wollten nach Stettin durchdringen. Es zeigte sich sogleich, dass es ein blinder Lärm gewesen, der durch die Überkunft mehrerer Westphalen über die Elbe entstanden sein soll."

Insgesamt sind die Namen von 17 Männern aus Stegelitz bekannt, die, einberufen oder freiwillig, im Kampf gegen die napoleonische Fremdherrschaft standen. Neben den bereits erwähnten Daniel Friedrich Pfort und Johann Carl Vronsinsky waren es Gottlieb Spann im Leibregiment, der zweimal verwundet wurde, Johann Friedrich Bredendick, Carl Friedrich Bergemann, Michael Friedrich Raegeling, Christian Bredendick, Johann Spann (verwundet), Johann Gotttlieb Degen (verstorben am 7. Februar 1814 nach einer Verwundung, die er sich am 3. Februar bei der Einnahme von Vitry auf dem Weg nach Paris zugezogen hatte), Gottfried Nehls (gestorben nach einer Verwundung am 12. Februar 1814 bei der Marne-Schlacht am Château Thierry in Frankreich), Gottfried Kempe (Landwehrmann, gestorben am 13. Dezember 1813 bei Potsdam), Johann Friedrich Schulz (Sohn des Schäfers aus Hessenhagen), Johann Christian Krull (verheirateter Knecht, kam 1816 als Unteroffizier, dekoriert mit dem Eisernen Kreuz, nach Hause), Friedrich Dahms (gestorben am 14. Januar 1814 in Berlin), Michael Friedrich Rehberg (verheirateter Arbeitsmann aus Schifferhof, kam krank zurück und starb nach kurzer Zeit), Christian Baumhauer (Landwehr), Martin Friedrich Heide (Landwehr).

1815, nach der Flucht Napoleons von der Insel Elba, wurden noch einmal Soldaten ausgehoben. Aus Stegelitz traf es zwei Mann. Ihre Namen sind allerdings nicht überliefert.

Die Spuren einer Reihe von Angehörigen der Stegelitzer Familien, deren Namen die Fliether Pfarrchronik für die Zeit der französischen Fremdherrschaft und der Befreiungskriege zwischen 1806 und 1815 nennt, finden sich auf Passagierlisten von brandenburgischen Auswanderern nach Amerika. So lassen sich dort Hanna Louise Spann, geboren am 4. Dezember 1810 in Stegelitz, ausgewandert 1857, Henriette Louise Spann, geboren am 28. Januar 1814 in Stegelitz, ausgewandert 1858, oder Friedrich Wilhelm Alexander Vahlenstein, geboren 17. Juli 1830 in Stegelitz, ausgewandert 1856, nachweisen.

*Das alte Gutshaus wurde 1945 Opfer des Krieges.*

## Japanische Botschaft

**Nachdem die erst 1942 fertig gestellte Botschaft des Kaiserreiches Japan in Berlin 1944 bei einem Bombenangriff schwer beschädigt wurde, zog ein Großteil des Personals in das Schloss Kröchlendorff, in dem einst auch Bismarcks Schwester Malwine lebte.**

„Japanische Botschaft Kröchlendorff." Es klingt absurd. Die diplomatische Vertretung des Kaiserreiches mit dem Symbol der aufgehenden roten Sonne auf weißem Grund jwd – janz weit draußen – auf dem Dorf und nicht in der Hauptstadt Berlin. Doch die Stimme am Telefon ist keine Utopie. Sie war Vergangenheit. Nachdem die ab 1938 nach Plänen des Architekten Ludwig Moshammer im nationalsozialistischen Kolossalstil gebaute und 1942 eröffnete Botschaft in der Tiergartenstraße im August 1944 Opfer eines alliierten Bombenangriffes wurde – nur die Kanzleiabteilung, das heißt die politische Abteilung, blieb unbeschädigt, wurden Teile der Botschaft in die Uckermark verlagert. Wünschte Botschafter General Ōshima Hiroshi (1886–1975), der 1934 im Rang eines Obersts als Militärattaché nach Deutschland gekommen war, 1938 und 1939 sowie ab 1941 als Botschafter agierte, einen evakuierten Mitarbeiter zu sprechen, musste er im Schloss Kröchlendorff anrufen. Und vielleicht hörte der Feind auch dort mit. Die Amerikaner hatten 1940 den japanischen Telegrammcode geknackt und konnten sich durch das Mitlesen von Ōshima Berichten an das Tokioter Außenministerium ein genaues Bild von Hitlers Plänen in Europa machen. Allerdings war Ōshima während seiner zweiten Amtszeit nicht mehr aktiver Mitgestalter deutscher und japanischer Politik, sondern nur noch ein Übermittler von Nachrichten. Aufgrund seiner ausgezeichneten deutschen Sprachkenntnisse sowie seines geselligen Charakters war der Japaner ein trotzdem gern gesehener Gast in den höchsten militärischen und gesellschaftlichen Kreisen Deutschlands. Weniger jedoch bei Hitler, mit dem es wenige Treffen gab, das letzte am 9. September 1944, vielmehr aber bei Außenminister von Ribbentrop, mit dem er befreundet war. Jedoch zogen die Alliieren nicht immer die richtigen Schlüsse aus dem Mitgelesenen bzw. es blieb vieles im bürokratischen Verteilerschlüssel hängen und erreichte nicht die richtigen Adressaten. Genannt seien beispielsweise die Hinweise auf die deutsche Ardennenoffensive im Dezember 1944.

Die Mitarbeiter der japanischen Botschaft lebten und arbeiteten nur relativ kurze Zeit im Schloss. Bereits Ende April 1945 rückte die Rote Armee an. Während die Hausherren, Detlev von Arnim sowie seine Frau Bertha, in Kröchlendorff blieben, floh ihr Sohn Hans Detlev mit seiner Frau Ina sowie der 1944 geborenen Tochter Barbara nach Hannover. Das Kröchlendorffer Schloss wurde von der Roten Armee besetzt, die Familie von Arnim im Zuge der Bodenreform schließlich endgültig enteignet.

*General Ōshima Hiroshi, Japans Botschafter (2. Reihe, 4.v.l.), Japans Botschafter bei den wurde bei den Tokioter Prozessen von einem internationalen Militärtribunal zu lebenslanger Haft verurteilt und 1965 entlassen. Er starb 1975.*

*Die alte Botschaft Japans in Berlin*

Foto: Bundesarchiv

Zuerst Flüchtlingsunterkunft, entging das Schloss durch eine Übernahme der Sozialversicherungsanstalt Brandenburg 1949 seinem ein Jahr zuvor beschlossenem Abriss. 1948 war festgelegt worden, dass es zusammen mit dem aufzuhebenden Friedhof weichen und Platz für den Bau von 35 Neubauernhäusern machen sollte. Während jedoch verschiedene Wirtschaftsgebäude verschwanden und der Gewinnung von Baumaterial dienten, richtete man im Schloss selbst eine Tuberkulose-Heilstätte ein. Zwischen 1955 und 1959 wurde an gleicher Stelle ein Kindergenesungsheim untergebracht, aus dem sich ein Kinderheim für prophylaktische Kuren entwickelte, dem man den Namen „Frohe Zukunft" gab, das bis 1990 arbeitete. Nach dessen Schließung erhielt die Deutsche Gesellschaft für Europäische Erziehung (OUTWARD BOUND DGEE e. V.) die Immobilie, sanierte sie umfangreich und denkmalgerecht zwischen 1994 und 1996 und betreibt seitdem das Schloss als Tagungs-, Bildungs- und Seminarzentrum sowie Haus für vielfältige Anlässe, darunter auch für Hochzeiten.

*Oscar von Arnim 1842*

Bauherr des Schlosses ist Oscar von Arnim (1813–1903). Unweit der Stelle, an der zuvor ein 1806 von den Franzosen ausgeplündertes und zerstörtes barockes Gutshaus stand, ließ er das 1848 fertig gestellte Schloss errichten. Der neu gewählte Landrat des Kreises Angermünde-Niederbarnim (1844–1849, „der Typ eines alten märkischen Raubritters", wie es hieß, brauchte eine standesgemäße Unterkunft, zumal er gerade geheiratet hatte. Die Auserwählte war Malwine von Bismarck (1827–1908). Die zierliche und weißhäutige Frau mit rötlich-blondem Haar und saphirblau blitzenden Augen war die einzige Schwester seines engen Jugendfreundes aus Berliner Studentenzeiten, des späteren Reichskanzlers Fürst Otto von Bismarck (1815–1898). Der

Entwurf für das Schloss im Stil der Neogotik stammt aus der Feder des ersten freien Architekten in Preußen, Eduard Knoblauch (1801–1865), der, als 1844 der Grundstein gelegt wurde, auch die Bauleitung übernahm, nachdem 1845 Peter Josef Lenné den künftigen Park des Schlosses gestaltet hatte.

Der Schlossbau war auch Thema in der Korrespondenz des Freundeskreises. So ist vom 14. Januar 1847 ein Brief überliefert, in dem Antonie von Blanckenburg schrieb, dass sie gehört habe, dass der Bau in Kröchlendorff fortschreite und seine Beendigung

*Malwine von Arnim, geborene von Bismarck, 1843*

*Schloss Kröchlendorff auf einer Lithografie der zwischen 1857 und 1883 angelegten Sammlung von Alexander Duncker*

abzusehen sei. Von Malwine wollte die Schwester des Bismarckfreundes Moritz Karl Henning von Blanckenburg wissen, was denn nun aus dem Ehepaar wird: „Ein landwirtschaftliches? Arnims Neigungen sollen sich doch schon etwas auf diese Seite neigen, und so folgst Du mit Deinen Wünschen diesem Beispiel." Dem Brief ist außerdem zu entnehmen, dass Malwine mit dem zweiten Kind schwanger war und dass Otto von Bismarck mit der begonnenen Beziehung zu seiner späterer Gemahlin, Johanna von Puttkammer, das große Los gezogen hätte. Außerdem kann man den Zeilen etwas über Oscar von Arnims liebste Freizeitbeschäftigung entnehmen. „An Arnim meinen herzlichen Gruß, gewiss ist er wieder zu einer Jagd und lässt mein Malwinchen allein, es ist doch zu böse von dem Mann, sich dieser Leidenschaft so hinzugeben." Ein Unfall auf der Jagd kostete am 13. August 1861 auch seinem ältesten Sohn Detlev 15-jährig das Leben. Drei Tage später kondolierte Otto von Bismarck, seit 1859 preußischer Gesandter in St. Petersburg, der mit seiner Frau auf dem Gut des Schwiegervaters im pommerschen Reinfeld

*Oscar von Arnims berühmter Schwager, Fürst Bismarck*

*Oscar von Arnim 1883*

weilte. „Mein erster Gedanke war, sogleich zu Euch zu kommen, aber ich überschätze damit meine Kräfte." Sehr warmherzig versuchte der Jugendfreund seinen Schwager zu trösten. „Ein schwereres Leid konnte Dich wohl nicht treffen; ein so liebenswürdiges Kind auf diese Weise zu verlieren und mit ihm alle Hoffnungen zu begraben, die die Freude Deiner alten Tage werden sollten." Und etwas weiter heißt es: „Ich will Dir nicht mit schwachen Trostgründen lästig werden, sondern Dir nur in diesen Zeilen sagen, wie ich als guter Freund und Bruder Dein Leid wie mein eigenes fühle und bis ins Innerste davon ergriffen bin." Für drei bis vier Wochen später kündigte er seinen Besuch in Kröchlendorff an.

*Malwine von Arnim um 1900*

*Schloss Kröchlendorff*

*Schloss Kröchlendorff zu Anfang des 20. Jahrhunderts*

Otto von Bismarck besuchte wiederholt seine geliebte Schwester „Malle" und deren Mann. Zuerst in Woddow bei Brüssow, das Arnim gehörte, dann in Angermünde, wo Arnim Landrat

Oben: Die 1864 gebaute Schlosskirche

Links: Architekt der Schlosskirche war der Schinkelschüler Ferdinand von Arnim, der während der Bauarbeiten am der Kirche starb.

war, und nach Fertigstellung des Schlosses auch in Kröchlendorff. Zwischendurch aber auch in Berlin, wo die Arnims eine Wohnung besaßen. Bis zum Lebensende blieb man in persönlichem und brieflichem Kontakt.

Dem tödlichen Jagdunfall des ältesten Sohnes verdankt Kröchlendorff auch seine imposante neogotische Schlosskirche. Ihr Bau soll auf ein Gelübde des Ehepaares Malwine und Oscar von Arnim zurückgehen, die hofften ihren bei der Jagd verunglückten Sohn noch lebend anzutreffen. Gebaut wurde die Kirche ab 1864 nach Plänen des Schinkelschülers und Königlich-preußischen Hofbaurats Heinrich Ludwig Ferdinand von Arnim (1814–1866), seit 1857 Professor an der Berliner Bauakademie. 52-jährig gestorben, konnte er die Fertigstellung und Weihe des Bauwerks nicht mehr erleben, die Kirche wurde am 20. April 1868, dem Geburtstag Malwines von Arnim, feierlich geweiht. Bis 1950 beherbergte sie in ihrer Gruft auch elf Särge der Kröchlendorffer Arnims, von denen acht aus dem Erbbegräbnis in der alten Kirche in die neue Ruhestätte überführt worden waren. Eine ewige Ruhe fanden sie dort jedoch nicht. Herausgerissen von Dorfbewohnern, wurden die elf Särge in einem Massengrab auf dem Friedhof beigesetzt. Die Stelle ist heute durch einen Gedenkstein gekennzeichnet, den die Tochter des letzten Besitzers für ihren in Heidelberg verstorbenen Sohn hat anfertigen lassen. Die Stelle des älteren Familienbegräbnisses lässt sich an einem Obelisken auf einer kleinen Anhöhe erkennen, den Oscar von Arnim 1871 mit den Namen der verstorbenen Familienmitglieder errichten ließ. Die neogotische Schlosskirche verfiel, nachdem sie 1968 entwidmet wurde, zunehmend und wurde ausgeplündert. Ab 1993 unter Leitung des Architekten Johannes Penzel mit einem Aufwand von rund 1,8 Millionen Euro restauriert, dient das nicht mehr geweihte ehemalige Gotteshaus seit dem 15. Juni 2002 heute als Kommunikations- und Kulturzentrum und ist Kulisse für zahlreiche Trauungen.

# Fotos

*(soweit nicht direkt am Bild angegeben)*

**Helmut Borth:** 7, 42, 43, 47, 49, 67, 68, 70, 75, 78, 80, 81, 84, 87, 88, 92, 94, 102 (2), 103, 104, 105 (o), 106 (2), 107, 109, 111 (2), 116, 117, 119, 120, 122, 126, 130, 145, 153 (u), 164, 166, 176, 193, 196 (4), 198, 199, 200, 201, 209, 221 (u), 223 (o)

**Archiv Autor:** 44 (7), 45 (10), 48, 50, 51 (2), 52, 53, 55, 58, 59, 63, 65, 69, 71, 72, 74, 77, 82, 85, 96, 97, 99 (3), 100, 101, 105 (u), 108 (2), 110, 113, 114, 115, 121, 125, 127, 128, 129, 131, 132, 133 (2), 134, 136, 138 (2), 139, 141, 142, 143, 144, 146, 147, 150, 153 (o), 154, 155 (2), 157, 159, 160, 165, 167, 170, 171, 172, 175, 177, 178 (2), 182, 184, 185, 190, 192, 194, 195, 211, 214, 216, 218, 219 (2), 220 (2), 221 (o), 222, 223 (u)

**Warfe Ann Borth:** 226

## Der Autor

1960 in Neubrandenburg geboren, ist Helmut Borth seit 1979 publizistisch tätig. Seit 2008 arbeitet er als freier Journalist und Autor sowie Inhaber bzw. Geschäftsführer von Unternehmen im Wellnessbereich. Von ihm erschienen bisher 20 Bücher, die über Geschichten mit Geschichte mit der regionalen Vergangenheit von Mecklenburg-Strelitz bekannt machen bzw. besondere Reiseziele in Mecklenburg-Vorpommern präsentieren.

Dies ist nach „An Mitgift ist noch keiner gestorben" sein zweites Uckermark-Buch.

ISBN: 9783741293603

ISBN: 9783741253089